50 ACTIVITÉS LUDIQUES AUTOUR DE LA LECTURE

Mise en pages : Jennifer Simboiselle.

ISBN : 978-2-7029-2867-7

www.editions-tredaniel.com
info@guytredaniel.fr
www.facebook.com/tredaniel.bienvivre
@tredaniel_bienvivre

LÉA **HÉLIAS**
Orthophoniste

50 ACTIVITÉS LUDIQUES AUTOUR DE LA LECTURE

J'accompagne mon enfant dans son apprentissage

LE COURRIER DU LIVRE
27, rue des Grands-Augustins
75006 Paris

SOMMAIRE

PRÉFACE

Pauline Kergomard, pionnière de l'école maternelle en France, disait : « Le jeu, c'est le travail de l'enfant, c'est son métier, c'est sa vie. »

Je crois que cette phrase à elle seule résume la vision qu'a Léa des apprentissages et celle qui nous réunit toutes les deux. J'ai rencontré Léa sur Instagram il y a plus de trois ans maintenant. Toutes les deux orthophonistes et créatrices de contenu animées par une ardente volonté de transmission, il n'a pas fallu longtemps pour que nous nous trouvions des atomes crochus.

De mon côté, cela fait dix ans que je suis orthophoniste auprès d'enfants. Ces années d'expérience n'ont fait que me confirmer l'importance du jeu pour créer les conditions favorables à l'apprentissage. Le jeu est l'élan naturel de l'enfant, ce par quoi il se développe, ce qui le fait grandir et ce qui permet à son esprit de se déployer. Un jeu bien adapté est si riche qu'il sollicite toutes les hautes compétences du cerveau.

La lecture, quant à elle, est un apprentissage long et complexe. Pour apprendre à lire, l'enfant doit passer par une longue phase d'exposition aux lettres, puis aux syllabes, puis aux mots. Cette phase d'automatisation nécessaire à la mise en place du processus de déchiffrage peut être rébarbative et coûteuse. Mais lorsque l'enfant joue, son cerveau sécrète des endorphines, des hormones relaxantes et anxiolytiques. C'est pourquoi associer l'apprentissage et le jeu est la meilleure façon de lui permettre d'apprendre dans le plaisir tout en lui donnant l'envie de continuer sans se lasser.

Qui mieux que Léa pour vous accompagner sur ce joli chemin ? Léa est une petite fée, elle a le pouvoir de transformer de vulgaires objets quotidiens en jeu amusant. Pinces à linge, rouleaux de papier toilette, gommettes, « Post-it », autant de choses banales que Léa sait changer d'un claquement de doigts en activités simples, ludiques et surtout efficaces.

Dans cet ouvrage, Léa a combiné avec brio créativité et expertise, il n'y a plus qu'à se laisser guider et inspirer.

Laura Marie, orthophoniste
@latelierdelorthophoniste

EN THÉORIE

L'apprentissage de la lecture est un véritable défi pour les enfants mais aussi pour vous, parents. Il est certain que la lecture ouvre un monde merveilleux, riche en découvertes et en apprentissages autonomes. C'est pourquoi pèse sur les épaules des enfants une sacrée pression face à cet apprentissage.

Vous êtes de plus en plus nombreux à vous investir et à vouloir accompagner votre enfant dans l'apprentissage de la lecture par vos propres moyens. Et surtout dans une volonté de l'accompagner à la période la plus propice pour lui, sans attendre que ce soit fait à l'école. C'est vraiment tout à votre honneur ! Ne doutez pas de vous et de votre choix.

À l'heure actuelle, 30 % des enfants qui passent en classe de CE1 ne parviennent pas à lire un mot. Et c'est jusqu'à 50 % des élèves de 4e qui ne savent pas lire convenablement. Cela nous montre à quel point tout n'est pas mis en place pour faciliter l'apprentissage de la lecture dans le cursus scolaire. Et surtout à quel point vous avez, en tant que parents, un vrai rôle à jouer.

PEUT-ON DÉBUTER TROP TÔT CET APPRENTISSAGE ?

La croyance populaire veut que tous les enfants apprennent à lire à 6 ans quand ils entrent au CP. On sait maintenant que de nombreux enfants savent lire avant le CP. En effet, la période sensible pour apprendre à lire, c'est-à-dire la période où l'enfant apprend le plus facilement, se situe plutôt entre l'âge de 3 et 6 ans. Si votre enfant vous montre son intérêt pour les lettres, dites-vous qu'il n'est jamais trop tôt pour apprendre à lire. Bien sûr, il ne s'agit pas d'aller vite à tout prix pour que votre enfant sache lire tôt. Mais simplement de respecter son rythme naturel d'apprentissage et de répondre à ses intérêts.

En effet, si votre enfant vous montre les lettres sur un tee-shirt, un livre, un emballage, je vous conseille vraiment de simplement lui donner le son de la lettre, qu'il ait 2 ou 5 ans. Ainsi, petit à petit, sans même s'en rendre compte, il va les mémoriser. Et cela va lui permettre d'entrer sereinement dans la lecture.

Gardez en tête qu'il n'est pas possible de répondre « trop » aux besoins de votre enfant ou bien d'aller trop vite si la demande vient de lui.

LES QUATRE GRANDES ÉTAPES POUR DEVENIR LECTEUR

Pour apprendre à lire, votre enfant va progressivement traverser plusieurs étapes qui vont le mener vers une lecture fluide. L'apprentissage de la lecture est un long chemin. De nombreuses étapes sont nécessaires pour que votre enfant puisse enfin lire ses premiers mots. Soyez patient, certaines étapes durent parfois de nombreux mois. Votre enfant a besoin de temps pour accumuler toutes ces nouvelles connaissances, c'est normal. Comme toujours, certains enfants vont aller plus vite que d'autres.

Voici les quatre étapes nécessaires pour apprendre à lire :

1. **Apprendre le son des lettres :** c'est bien du son des lettres dont votre enfant a besoin pour lire et non de leur nom. Une fois que vous avez cela à l'esprit, il va être plus facile de proposer les activités adéquates à votre enfant.

2. **Jouer, manipuler les sons et composer les premiers mots :** c'est une étape essentielle pour construire la conscience phonémique, c'est-à-dire la capacité de votre enfant à identifier et manipuler les sons de la langue. Plus cette compétence est maîtrisée par votre enfant, et plus il y a de chance que l'apprentissage de la lecture se passe bien. Elle est donc essentielle à exercer, et ce, dès le plus jeune âge.

3. **Lire des syllabes :** entre le son et le mot se trouve la syllabe. Votre enfant va devoir progressivement comprendre le principe de fusion phonémique, c'est-à-dire que deux lettres ensemble forment une unité syllabe (B et A font BA). C'est une étape qui peut être assez longue pour certains enfants sans que cela ne soit le signe d'une difficulté à venir dans cet apprentissage.

4. **Lire les premiers mots :** c'est clairement l'étape la plus attendue et celle qui marque vraiment un tournant. C'est le moment où votre enfant va se rendre compte que ça y est, il sait lire. Une fois la lecture de syllabes et la composition de mots (savoir écrire un mot avec des lettres mobiles) acquises, votre enfant va pouvoir naturellement lire ses premiers mots. Cela va lui demander de nombreux mois pour que sa lecture de mots soit fluide et qu'il parvienne petit à petit à lire des phrases puis des textes.

Gardez en tête que certaines de ces étapes vont se faire de façon simultanée. En effet, l'apprentissage de la lecture n'est absolument pas linéaire et c'est normal. Pas d'inquiétude si, à certains moments, votre enfant semble moins intéressé par la lecture. Cela ne veut pas dire qu'il va régresser dans son apprentissage ou que vous avez raté quelque chose. C'est simplement le processus normal de tout apprentissage.

Mais alors, comment aider votre enfant dans son apprentissage de la lecture ?

CONSEIL N° 1 : LE SON DES LETTRES DOIT ÊTRE LA PRIORITÉ

En effet, l'information la plus utile pour apprendre à lire est le son des lettres. Cependant, à l'école, le nom des lettres est souvent enseigné aux enfants avant même le son des lettres. C'est malheureusement ce qui est préconisé dans les programmes scolaires actuels.

Alors, si votre enfant a appris le nom des lettres, vous n'êtes pas bloqués pour autant. En effet, vous allez pouvoir expliquer à l'enfant que le nom de la lettre, c'est son prénom, son identité, et que le son de la lettre, c'est son bruit ou encore comment elle chante.

En prenant l'exemple d'un animal, vous allez illustrer de façon concrète le nom et le bruit : « Ça, c'est la vache. *Vache*, c'est son nom, et *meuh*, c'est le bruit qu'elle fait. » N'hésitez pas à multiplier les exemples si vous voyez qu'il a du mal à saisir ce que vous tentez de lui transmettre. Puis, une fois que vous êtes sûr que c'est compris, vous allez revenir aux lettres et lui expliquer également avec un exemple : « Ça c'est la lettre S, c'est son nom et son bruit c'est [ssss]. » Pour faciliter l'explication, veillez à choisir plutôt un son qui s'allonge facilement comme, par exemple, les lettres R, S, L, F, Z et à ne pas choisir un son dont le nom et le bruit sont les mêmes comme pour les voyelles.

En fonctionnant ainsi et en lui proposant régulièrement des activités centrées uniquement sur les sons à la maison, vous allez lui permettre de jongler entre les deux notions plus facilement. Et gardez en tête que mettre le focus sur les sons à la maison ne s'oppose absolument pas à ce qui se passe à l'école. C'est complémentaire et cela va vraiment aider votre enfant dans l'apprentissage de la lecture.

Un autre point important à aborder ici : l'apprentissage de l'alphabet. En réalité, connaître l'ordre alphabétique n'est pas utile pour apprendre à lire. Il va nous servir plus tard à chercher dans le dictionnaire. Il est donc facile de se rendre compte qu'il n'est pas utile de mettre le focus sur cet apprentissage même si cela est vu à l'école. Ce n'est pas parce que votre enfant ne maîtrise pas l'ordre alphabétique qu'il ne va pas réussir à lire. Et il sera toujours temps de le revoir par la suite. En effet, ce n'est absolument pas un prérequis pour la lecture quoi qu'on en dise.

CONSEIL N° 2 : DES BASES SOLIDES POUR UN MEILLEUR APPRENTISSAGE DE LA LECTURE

Quand votre enfant commence à lire, en tant que parents, vous pouvez être tentés d'aller trop vite. Dès qu'il va lire des mots, vous allez lui proposer des phrases et dès qu'il va lire des phrases, vous allez lui proposer un livre. C'est totalement naturel. Vous pouvez parfois avoir le ressenti qu'en lui proposant des éléments de plus en plus difficiles à lire, vous allez l'aider à améliorer ses capacités de lecture. Ce n'est pas tout à fait vrai. En réalité, pour que la lecture de votre enfant s'automatise, il va parfois être nécessaire de faire des pauses, de rester à un même endroit sans forcément tout de suite proposer plus difficile.

L'apprentissage de la lecture, c'est comme la construction d'un mur. Il est facile de construire un mur mais pour que le mur soit solide, il faut faire attention à la disposition des briques, à mettre du béton, mais aussi à renforcer la structure grâce à des armatures en acier. C'est grâce à une construction solide que le mur va tenir durant des années sans bouger. Un mur avec de mauvaises fondations va très vite se fissurer, voire s'écrouler. Si on transpose maintenant à la lecture, c'est exactement pareil. Plus les bases vont être solides et plus votre enfant va se sentir serein dans son apprentissage. Cela va lui permettre d'avancer pas à pas, d'appréhender toutes les difficultés et les fantaisies de la langue française sans crainte. C'est vraiment essentiel !

En tant que parents, vous me dites souvent « mais alors, combien de temps est-il nécessaire de s'exercer pour aider mon enfant à lire ? Et combien de fois par semaine ? » Ma réponse, c'est que la régularité est vraiment la clé d'un apprentissage réussi. Mieux vaut proposer une activité une fois deux minutes chaque jour que trente minutes une fois par semaine. Il est important de savoir qu'il n'existe pas de zone spécifique de notre cerveau destinée à la lecture. Les connexions neuronales vont se créer grâce à l'entraînement. Donc, plus l'entraînement va être régulier, plus le chemin neuronal va être fluide pour le cerveau et plus votre enfant va parvenir à retenir le son des lettres puis à composer des mots et à lire.

La plupart des activités qui vont suivre dans le livre ont une durée très courte pour être adaptées aux enfants et surtout à votre quotidien de parents.

CONSEIL N° 3 : AMUSEZ-VOUS AVEC VOTRE ENFANT

Peu importe l'âge de votre enfant quand vous démarrez cette grande aventure, il est vraiment important pour moi que vous ayez à l'esprit le fait qu'il est possible d'allier jeu, plaisir et apprentissage de la lecture. C'est même un de mes mantras au quotidien qui m'anime du plus profond de mon être quand j'accompagne des parents sur ce chemin.

Et, oui, vous l'avez compris, c'est un rappel important car trop souvent quand on pense apprentissage de la lecture, on s'imagine l'enfant assis sur une chaise, sans mouvement. C'est une fausse croyance, une idée reçue que j'ai vraiment envie de lever. Vous pouvez jouer avec les lettres, apprendre à lire à votre enfant tout en étant debout, en mouvement ou encore au sol avec lui. Tout est possible, et surtout le plaisir doit être au cœur de cet apprentissage.

Plus votre enfant va prendre du plaisir dans cet apprentissage, et plus il va avoir envie naturellement de continuer d'apprendre. Cela ouvre un cercle vertueux de l'apprentissage et c'est précieux pour lui. C'est ce qui va lui donner l'envie d'aller encore et encore plus loin. Ainsi, il va jouer, apprendre en s'amusant et il ne va même pas se rendre compte qu'il est en train d'apprendre à lire. L'apprentissage de la lecture ne va pas être pour lui une montagne à gravir.

Quelques accessoires ou bien la possibilité de se déplacer vont permettre à votre enfant de trouver l'activité ludique. Il suffit de peu, vraiment, pour prendre du plaisir ensemble.

ET SI MON ENFANT NE S'INTÉRESSE PAS AUX LETTRES, À LA LECTURE, QUE FAIRE ?

Tous les enfants ne s'intéressent pas aux lettres au même âge et c'est totalement normal.

Ils sont tous uniques et ont des centres d'intérêt qui diffèrent. Vous n'êtes pas obligé de faire quelque chose pour que votre enfant s'intéresse absolument aux lettres si cela n'a pas été abordé à l'école.

Parfois, vous me dites que votre enfant manque d'intérêt pour les lettres, mais rien dans son environnement ne lui permet réellement de déclencher cet intérêt. C'est important d'avoir cette idée à l'esprit. Certains enfants vont naturellement vous faire comprendre que c'est leur moment en vous montrant les lettres sur un panneau ou une bouteille. D'autres ont vraiment besoin de manipulation : c'est d'ailleurs la grande majorité des enfants. Alors, comment fait-on concrètement ? Il est conseillé d'avoir des lettres mobiles, ou tout simplement un puzzle alphabet. Il vous suffit de les lui proposer de temps à autre en les disposant simplement sur un meuble ou avec certains de ses jouets pour lui offrir l'opportunité de les attraper, de les manipuler et de vous demander « c'est quoi ça ? » Et ce sera parti pour une belle aventure et de multiples activités à lui proposer que vous allez trouver dans les pages suivantes. Et si vraiment cela ne déclenche aucun intérêt, pas de stress, c'est simplement que ce n'est pas encore son moment. Mais ça va venir, gardez confiance.

AVOIR BEAUCOUP DE MATÉRIEL POUR SE LANCER, EST-CE INDISPENSABLE ?

Absolument pas ! Bien souvent, vous pensez que pour apprendre à lire, il est nécessaire d'avoir plein de matériel comme vous l'avez vu sur les réseaux ou dans les divers ouvrages que vous avez lus. Alors, il est important pour moi de vous dire ici tout le contraire. Pour commencer cet apprentissage avec votre enfant, vous pouvez simplement vous munir de lettres mobiles. C'est largement suffisant et cela va vous permettre de lui proposer une multitude d'activités.

Il existe de nombreux coffrets de lettres mobiles. Ma préférence va aux lettres mobiles magnétiques et aux couleurs neutres. Par la suite, quand votre enfant avance dans son apprentissage, vous pouvez, si vous le souhaitez, concevoir une boîte à sons. Le principe de cette boîte est simple : pour chaque son, il va y avoir plusieurs objets qui commencent par le son. Par exemple, pour la lettre O, dans la boîte vont se trouver des objets comme une orange, une olive ou encore un okapi. Bien entendu, il ne s'agit pas de mettre les objets à taille réelle mais bien de les avoir en format miniature. Dans l'idéal, il faut avoir un tiroir pour chaque lettre/son afin de vous y retrouver facilement pour proposer des activités à votre enfant. Il existe de petits casiers à tiroirs pour ranger les petits objets et pouvoir les manipuler très simplement. Mais ce n'est absolument pas un outil à avoir à tout prix, c'est simplement un outil qui permet de diversifier les activités proposées à votre enfant.

UN PRÉREQUIS ESSENTIEL : UN BON NIVEAU DE VOCABULAIRE

Pour un apprentissage serein de la lecture, il est essentiel que les prérequis à la lecture soient fonctionnels. C'est exactement pour cela que le vocabulaire a une importance capitale pour apprendre à lire. Et c'est bel et bien un apprentissage qui commence bien plus tôt que la lecture puisque votre enfant apprend du vocabulaire depuis qu'il est tout petit. Il va d'abord l'entendre, le comprendre, puis il va pouvoir à son tour le produire dans un contexte adapté.

Pour comprendre une phrase, un texte écrit, il est nécessaire de comprendre le sens des mots. Si votre enfant ne connaît pas les mots qu'il lit alors ce qu'il lit n'a pas de sens. Cela paraît futile à dire mais c'est vraiment un point fondamental bien trop souvent négligé.

Lors de la lecture d'un texte, votre enfant a besoin de connaître 90 à 95 % des mots pour le comprendre. C'est considérable et c'est ainsi qu'il est plus facile de se rendre compte que la richesse de son vocabulaire va jouer un rôle important dans son apprentissage de la lecture.

Plus le vocabulaire de votre enfant est vaste, plus il va pouvoir lors de ses lectures faire appel à son lexique interne et donc comprendre tout ce qu'il lit. Cela va lui permettre aussi de s'autocorriger lorsqu'il peut lire des approximations, *guirafe* pour *girafe*, par exemple. En effet, il va très vite se référer à son vocabulaire pour comprendre le mot et se rendre compte qu'il s'agit du mot *girafe*.

Au contraire, quand un enfant a un vocabulaire pauvre, il va souvent être bloqué pour comprendre ce qu'il lit. S'il lit par exemple « je veux un tournesol » et qu'il ne connaît pas le sens du mot, il ne peut simplement pas le comprendre. Cela va lui demander un effort plus important et éventuellement l'intervention d'une autre personne pour comprendre ce qu'il vient de lire. Il peut très vite se décourager et perdre l'envie de lire.

C'est pourquoi il n'est jamais trop tard pour apprendre de nouveaux mots, du vocabulaire nouveau. C'est possible à tout âge et c'est vraiment un point essentiel pour permettre aux enfants de comprendre ce qu'ils vont lire.

La lecture est donc bien loin d'être un apprentissage facile. De nombreuses étapes sont nécessaires pour que votre enfant puisse lire ses premiers mots. Et surtout, c'est une transmission, ce n'est pas naturel. C'est-à-dire que votre enfant ne va pas apprendre à lire seul et de façon autonome. Le son de chaque lettre doit lui être transmis par une personne ou encore éventuellement un livre, une chanson. Lire, c'est apprendre le code, c'est-à-dire le son de chaque lettre. Et c'est à partir de ce moment-là que votre enfant va pouvoir avancer pas à pas dans son apprentissage de la lecture. Le chemin va être plus ou moins long mais ce qui est certain, c'est que vous pouvez être fier de tout ce que vous allez mettre en place pour lui faciliter le chemin.

Vous êtes la plus belle des équipes. Et surtout, vous avez le pouvoir mieux que personne de rassurer votre enfant et de stimuler sa confiance en lui.

PARTIE ACTIVITÉS

Maintenant que les bases ont été posées, vous êtes fin prêt à vous lancer, à passer à l'action et à proposer des activités à votre enfant. Et c'est un défi de taille !

Durant les prochains chapitres, les activités sont présentées dans un ordre logique et adapté au développement des enfants. Cependant, il n'est absolument pas figé et vous pouvez vous sentir libre de les proposer comme bon vous semble.

Aucune pression d'ailleurs à toutes les proposer à tout prix à votre enfant. Les activités sont là pour vous inspirer et vous permettre de ne pas réfléchir à leur élaboration. Vous savez exactement quoi proposer et à quel stade le faire. Mon objectif est vraiment de vous faciliter le chemin de l'apprentissage de la lecture qui peut, très souvent, vous questionner voire vous effrayer en tant que parents ou accompagnants.

Ne voyez donc aucune injonction à faire quoi que ce soit. L'objectif principal, votre moteur, doit toujours être le plaisir partagé avec votre enfant. Si ce livre est entre vos mains, c'est que c'est un sujet qui vous intéresse et que vous avez envie de mettre des choses en place dans votre quotidien. Alors déjà, un grand bravo pour ce premier pas. Et pour le reste, laissez-vous guider par ce livre. C'est exactement ce pour quoi il a été écrit.

Partie 1

À LA DÉCOUVERTE DES SONS

1

PANIER DES LETTRES

À QUEL ÂGE ?
De 18 mois à 4 ans

POUR QUI ?
Pour les enfants qui s'intéressent aux lettres

POUR QUELS OBJECTIFS ?
Proposer une première approche du son des lettres

Pour cette activité, il vous faut un panier (ou un plateau) ainsi que des lettres mobiles. Vous allez disposer dans le panier trois lettres dans un endroit où l'enfant peut le manipuler quand il le souhaite. L'idée, c'est de lui offrir **une première opportunité de s'intéresser aux lettres et de les découvrir par la manipulation**. Il va être libre d'y aller quand il le souhaite, de manipuler les lettres ou non : vous allez simplement lui indiquer que vous lui mettez un panier à disposition.

Si votre enfant manipule les lettres, il va sans doute venir vous demander « qu'est-ce que c'est ? », alors vous allez pouvoir simplement lui dire que c'est une lettre et lui donner le son qu'elle fait. Si l'activité n'éveille aucun intérêt chez votre enfant, c'est peut-être simplement que ce n'est pas encore son moment.

Pour le choix des lettres, préférez des sons très différents les uns des autres. Cela est plus facile pour l'enfant. Vous pouvez, par exemple, choisir le A, le O et le R. Les voyelles et les consonnes qui peuvent s'allonger facilement sont les plus faciles à retenir pour les enfants. C'est pourquoi ce sont bien souvent celles qu'on leur propose en priorité. Cependant, si votre enfant a un attrait particulier pour les lettres de son prénom, vous pouvez tout à fait lui proposer celles-ci. Il n'y a pas une seule manière de faire à tout prix.

Variante

Pour susciter la curiosité de votre enfant, vous allez pouvoir lui proposer la même activité mais en glissant les lettres dans un sac opaque. Il va ensuite piocher les lettres une par une et vous allez lui donner le son de chacune d'entre elles.

Le petit +

Le choix de votre coffret de lettres mobiles est important. En effet, il est plutôt conseillé d'opter pour des lettres simples, facilement reconnaissables, de couleur unie et non bariolées. Ainsi, votre enfant peut se concentrer sur les lettres, leur forme, leur son et non sur toutes les couleurs qu'il voit. Certains coffrets proposent des lettres magnétiques et respectent le code Montessori (voyelle en rouge, consonne en bleu) : ils sont pour moi les plus adaptés aux enfants. Le code couleur amène un support visuel et un repère stable à votre enfant. Le côté magnétique permet de lui proposer une multitude d'activités simples.

2

CHASSE AUX LETTRES

À QUEL ÂGE ?
De 2 à 4 ans

POUR QUI ?
Pour les enfants qui s'intéressent aux lettres

POUR QUELS OBJECTIFS ?
Proposer une première approche ludique du son des lettres en mouvement

Cette activité nécessite uniquement des lettres mobiles ou bien des cartes-lettres que vous allez cacher dans une pièce de la maison. Vous allez choisir entre trois et cinq lettres pour commencer. Il faut toujours avoir en tête que le défi ne doit pas être trop grand pour votre enfant. C'est-à-dire que la motivation et le plaisir doivent primer pour qu'il puisse aller jusqu'au bout et trouver toutes les lettres cachées.

À chaque lettre trouvée, l'objectif est simplement de dire le son de celle-ci. S'il le connaît déjà, il y a de grandes chances que l'enfant vous le dise naturellement. Et si ce n'est pas le cas, alors c'est vous qui allez donner le son de la lettre.

Vous pouvez proposer la chasse de deux façons différentes. Pour la première, vous allez simplement dire à l'enfant « j'ai caché cinq lettres dans ta chambre, tu dois les retrouver ». Pour la seconde, vous allez préparer une feuille avec les lettres à retrouver. Cela va permettre à l'enfant de savoir les lettres qu'il doit chercher et de le mettre en confiance.

À la fin de l'activité, au lieu de ranger simplement les lettres, vous pouvez lui dire « donne-moi la lettre qui fait [ssssss] » et le faire avec toutes les lettres. Cela permet de les revoir en douceur en s'assurant qu'il arrive à les reconnaître de mieux en mieux. Si vous le sentez trop fatigué, inutile de le lui proposer car cela risque de le mettre en difficulté.

Bon à savoir

Pour maximiser la concentration de votre enfant, il ne faut ni que l'activité soit trop facile ni qu'elle le mette en difficulté. Cette zone parfaitement adaptée à l'enfant et à ses compétences est appelée zone proximale de développement. Quand l'activité est dans cette zone, l'enfant va réussir à mobiliser toutes ses compétences, à aller jusqu'au bout de celle-ci et à ressentir du plaisir. C'est aussi pourquoi quand une activité le met en échec de façon répétée, il va se décourager et ne va pas terminer ce qu'il a commencé. Être attentif au niveau de votre enfant, à ses forces et à ses faiblesses, c'est lui proposer les activités les plus adaptées à ses besoins pour lui permettre d'apprendre en toute sérénité.

3

DÉCORE-MOI

À QUEL ÂGE ?
De 2 à 4 ans

POUR QUI ?
Pour les enfants qui s'intéressent aux lettres

POUR QUELS OBJECTIFS ?
Proposer une première approche ludique du son des lettres

Pour cette activité, il vous faut une feuille avec la lettre de votre choix écrite dessus ainsi que des gommettes de couleurs.

L'objectif va être de **proposer à l'enfant de décorer la lettre**. Vous pouvez lui présenter l'activité ainsi : « Là c'est la lettre qui fait le son [rrrrr], elle a envie d'être décorée avec les gommettes. Alors tu peux mettre les gommettes que tu veux à l'intérieur de la lettre. » C'est une activité créative sans objectif. Il n'y a pas de bon ou de mauvais résultat. Le plus important, c'est que l'enfant s'amuse en décorant la lettre.

Cette activité, c'est la découverte d'une lettre par l'enfant. Il est important de le laisser libre pour que l'activité se fasse dans le plaisir. Si les gommettes ne lui plaisent pas, vous pouvez par exemple lui proposer de colorier la lettre ou toute autre activité créative qui sert à décorer la lettre.

Pour aller plus loin et dans l'idée de conserver ce que vous faites avec votre enfant, vous allez pouvoir créer avec lui un abécédaire créatif. À chaque lettre une technique différente, par exemple de la peinture, des feutres, du coton, du papier crépon… Les idées à proposer ne manquent pas. Cela va être fait pendant plusieurs semaines, voire plusieurs mois. Et ce sera un parfait support pour revoir les lettres.

Et si finalement vous n'arrivez pas au bout de ce projet, est-ce grave ? Absolument pas ! Créez-vous des souvenirs sans pression, c'est tout ce qui compte.

Variante

Il est possible de faire une guirlande avec les lettres du prénom de votre enfant. Pour la réaliser, il vous faut choisir du papier épais afin que cela soit solide. En haut de chaque feuille, il faut percer deux trous afin d'y passer la corde pour pouvoir accrocher la guirlande. Votre enfant va décorer chaque lettre comme il le souhaite en fonction de ce que vous allez mettre à sa disposition. Il sera fier d'observer sa guirlande une fois terminée.

Le petit +

Pour rendre votre enfant acteur de ce moment et le motiver, vous pouvez bien entendu lui proposer de choisir entre plusieurs lettres plutôt que de lui imposer votre choix. Ainsi, il va se sentir pleinement impliqué dans cette activité puisqu'il va décorer une lettre qu'il aura choisie. Il va donc naturellement avoir envie d'aller au bout de son activité.

Focus

La leçon en trois temps, un outil pour apprendre les sons mais pas que...

Souvent, vous me demandez comment apprendre le son des lettres à votre enfant, comment lui transmettre la connaissance, alors il m'a paru intéressant de vous partager un outil précieux : la leçon en trois temps d'Édouard Séguin et utilisée dans la pédagogie de Maria Montessori.

La leçon est composée, comme son nom l'indique, de trois temps distincts et tout aussi importants les uns que les autres. Voici les trois temps :

1. Le temps de la connaissance : c'est le moment de la transmission, vous allez apporter à votre enfant le son que fait la lettre. Vous ne demandez pas à l'enfant de dire le son. Vous allez lui dire « regarde, c'est [aaaa] » en lui donnant le son.

2. La phase de reconnaissance. C'est le moment où vous allez vérifier que la connaissance lui a bien été transmise. Vous allez simplement demander à votre enfant « montre-moi [aaaaa] » et il va vous pointer la bonne lettre.

3. L'étape de la production. À ce stade, votre enfant va pouvoir dire le son de chaque lettre si les deux autres étapes ont bien été respectées. Vous allez lui dire « quel son fait cette lettre-là ? » en la pointant avec votre doigt. Cela va vous permettre de voir si la mémorisation des sons a été une réussite avec votre enfant.

Toutes les étapes se font au même moment : il ne s'agit pas de proposer le temps n° 1 un jour puis la suite, le lendemain. Il est indispensable d'enchaîner toutes les étapes pour faire en sorte que la mémorisation soit la plus efficace possible. La leçon est complète uniquement si les trois temps ont été respectés.

Et si votre enfant se trompe durant les trois temps ? C'est normal. Nous faisons tous des erreurs durant nos apprentissages. En cas d'erreur dans les phases 2 et 3, vous n'allez pas pointer l'erreur de votre enfant en lui disant : « Non, ce n'est pas ça. » Vous allez verbaliser les sons en question : « Là c'est le [rrrr], montre-moi la lettre qui fait [aaa]. » En procédant ainsi, vous lui permettez de ne pas se décourager et de garder confiance en lui, ce qui est essentiel pour des apprentissages sereins.

Durant la leçon, vous allez transmettre trois sons à votre enfant. S'il n'en connaît aucun, vous allez choisir en fonction de vos envies et de votre connaissance de la progression recommandée. S'il connaît déjà certains sons, vous allez pouvoir lui en proposer deux qu'il ne maîtrise pas et un qui lui est connu. Cela va lui permettre petit à petit d'élargir son stock de sons.

C'est un outil intéressant qui fonctionne très bien avec les enfants, surtout s'ils ont du mal à retenir les connaissances. Les trois temps vont venir réactiver l'attention et la concentration de votre enfant. Ce n'est pas un outil à utiliser à tout prix, mais c'est plutôt chouette de l'avoir dans sa boîte à outils. D'autant que cette leçon à trois temps peut également être utilisée pour apprendre à votre enfant de nouveaux mots, de nouvelles notions comme les chiffres…

4

SAUTE LETTRES

À QUEL ÂGE ?
De 2 à 4 ans

POUR QUI ?
Pour les enfants qui commencent à s'intéresser aux lettres

POUR QUELS OBJECTIFS ?
Découvrir le son des lettres en mouvement

Les enfants ont besoin de bouger quand ils apprennent. Cette activité va vous permettre d'**allier naturellement mouvement et apprentissage**. Et ainsi, aider l'enfant à rester concentré plus longtemps.

Pour la réaliser, il vous faut simplement des lettres mobiles ou bien encore des feuilles avec des lettres écrites. Vous allez les disposer au sol devant l'enfant. Ensuite, il vous suffit de dire le son de la lettre « Saute sur [aaaaaaaa] » et votre enfant doit sauter sur la bonne lettre. S'il les connaît et s'il s'en sent capable, vous pouvez le faire à tour de rôle. Votre enfant va vous dire le son des lettres et vous allez sauter à votre tour sur la bonne lettre.

Pour commencer cette activité, prenez seulement trois ou quatre lettres. Il vaut mieux y aller progressivement que de mettre en échec votre enfant. Si vous voyez que c'est facile pour lui, alors vous allez pouvoir ajouter des lettres. S'il saute sur une mauvaise lettre, vous allez simplement lui dire le son de la lettre sur laquelle il vient de sauter et lui rappeler la consigne : « C'est [rrrr], saute sur [aaa]. » Ainsi, vous ne mettez pas le doigt sur le fait que votre enfant s'est trompé mais vous l'encouragez à continuer et à trouver la bonne lettre.

Le petit +

Marcher, sauter à pieds joints ou encore à cloche-pied sur le son entendu, c'est permettre à votre enfant d'allier mouvement et apprentissage. Et c'est toujours un choix gagnant. Néanmoins, il est important que le focus ne soit pas mis sur l'effort physique mais bien sur la reconnaissance des sons. Vous pouvez laisser choisir votre enfant sur la façon de se déplacer d'un son à l'autre. En général, il choisit un mouvement acquis, qui ne le met pas en difficulté.

5

MODÈLE TA LETTRE

À QUEL ÂGE ?
De 2 à 5 ans

POUR QUI ?
Pour les enfants qui découvrent les lettres

POUR QUELS OBJECTIFS ?
Découvrir le son des lettres en passant par le sensoriel

Pour cette activité, il vous suffit d'avoir de la pâte à modeler et des modèles de lettres sur une feuille plastifiée de préférence.

L'objectif va être simplement de **réaliser la lettre choisie en pâte à modeler grâce au modèle**. Pour commencer, mieux vaut choisir et réaliser une seule lettre. De préférence, laissez choisir la lettre à votre enfant. Ainsi, son enthousiasme va être maximal. Une fois la lettre choisie, donnez-lui le son de la lettre « on va faire le [fffffffff] ». Vous pouvez décider de faire la lettre ensemble en choisissant la partie que vous allez faire ou bien faire chacun de votre côté une lettre.

Les lettres sont toutes faites de formes simples : ronds, traits, boucles. Ainsi, les lettres sont assez faciles à reproduire. L'objectif n'est absolument pas une réalisation parfaite de la lettre mais bel et bien de profiter d'une expérience sensorielle avec la pâte à modeler pour stimuler les apprentissages.

En réalisant cette activité très facile à mettre en place, l'enfant exerce et renforce sa main pour qu'elle soit prête à se lancer dans l'écriture quand le moment sera venu. Il ne faut pas négliger l'intérêt des activités sensorielles. C'est par l'expérience et la manipulation que l'enfant retient le mieux ce qui lui est transmis.

Variante

Pour diversifier la réalisation de lettres, vous pouvez lui proposer d'en faire avec des Duplo, des Lego ou encore des carrés qui s'emboîtent. Encore une fois, grâce à la manipulation, la mémorisation des lettres va être facilitée.

Le petit +

L'autonomie d'un enfant sur une activité est très courte. On dit souvent qu'un enfant parvient à rester concentré durant trois à cinq minutes par année de vie. Ce qui signifie que pour un enfant de 3 ans, c'est entre neuf et quinze minutes. Cependant, comme toute moyenne, si votre enfant se concentre moins longtemps, cela ne signifie pas qu'il y a un problème. Il est facile d'augmenter la durée de concentration de votre enfant grâce à l'activité partagée. En faisant ensemble une lettre, en l'aidant à modeler des bouts de lettres, vous allez l'aider naturellement à continuer l'activité plus longuement.

6

CASSE LES ŒUFS

À QUEL ÂGE ?
De 3 à 5 ans

POUR QUI ?
Pour les enfants qui connaissent déjà le son de plusieurs lettres

POUR QUELS OBJECTIFS ?
Revoir le son des lettres avec une activité ludique

Cette activité nécessite d'avoir à votre disposition des coquilles d'œufs vides, un plateau, un petit marteau (ou bien tout objet contondant comme, par exemple, une petite bouteille) ainsi qu'un feutre.

Pour débuter, il vous faut disposer les coquilles vides sur le plateau (ce peut être une moitié de coquille, un bout seulement : il faut simplement que la coquille tienne à plat sur le plateau). Vous allez ensuite écrire sur chaque coquille une lettre de votre choix. De préférence, il faut y inscrire des lettres que l'enfant connaît. Vous pouvez éventuellement mettre une nouvelle lettre mais pas plus.

Il est possible de mettre autant de lettres que vous le souhaitez. Mais attention toutefois à ne pas trop surcharger le plateau de lettres : il est possible que cela panique l'enfant et qu'il se dise qu'il ne va pas y arriver. Mieux vaut commencer déjà avec cinq ou six lettres et augmenter une prochaine fois s'il y arrive parfaitement.

Une fois toutes les lettres écrites, vous allez disposer le plateau de l'enfant et lui dire : « Regarde, il y a plein de lettres sur les coquilles d'œufs. Je vais te dire le son d'une lettre et il faut que tu casses la bonne coquille avec ton marteau. » Honnêtement, c'est une activité qui rencontre un grand succès avec tous les enfants : c'est simple et ludique. Si l'enfant se trompe en cours de route, ce n'est pas grave. L'apprentissage est un long chemin, alors vous pouvez simplement lui dire : « Oh tu as cassé [ooooo], moi je veux que tu casses [sssss]. » Tout en douceur, vous lui apportez le son de la lettre sans pointer son erreur. C'est vraiment important pour sa confiance.

À la fin, il est fort possible qu'il souhaite continuer de casser les coquilles et c'est tout à fait normal. Laissez-le faire, il clôt ainsi l'activité dans le plaisir. Si vous avez peur qu'il en mette partout, n'hésitez pas à lui dire que tout doit rester dans le plateau. Souvent, simplement en donnant un cadre défini à une activité, cela évite les débordements et les moments désagréables pour ranger ensuite car l'enfant sait exactement ce qui est attendu.

Variante

Quand l'enfant avance dans son apprentissage de la lecture, vous allez pouvoir écrire des syllabes sur les coquilles d'œufs ou glisser un mot sous la coquille pour que l'enfant lise en s'amusant.

Le petit +

En début d'apprentissage du son des lettres, il est normal que certains sons soient confondus par votre enfant comme le b et le d ou encore le f et le v. Si tel est le cas, veillez à ne pas mettre les lettres confondues ensemble dans les activités. Ainsi, vous allez naturellement éviter de renforcer cette confusion entre les deux lettres. Il faut avoir à l'esprit qu'il vaut mieux se concentrer sur un seul des deux sons pour faire en sorte que la confusion diminue petit à petit.

7

PINCE-MOI

À QUEL ÂGE ?
De 3 à 6 ans

POUR QUI ?
Pour les enfants qui maîtrisent déjà de nombreux sons

POUR QUELS OBJECTIFS ?
Revoir le son des lettres de façon ludique et travailler la reconnaissance des lettres écrites

Pour cette activité, il vous faut du carton (ou du papier épais), un feutre et des pinces à linge. Vous allez commencer par découper le carton dans la forme que vous voulez : un rond, une forme d'animal. Tout est possible en fonction de vos envies. Une fois la forme découpée, vous allez écrire sur les bords les lettres de votre choix à intervalles réguliers. Vous pouvez écrire autant de lettres que vous le souhaitez. Ensuite, il vous faut écrire les lettres sur les pinces à linge.

Une fois le support et les pinces prêts, il ne vous reste plus qu'à le proposer à l'enfant en lui disant : « Il faut accrocher la pince à linge avec la bonne lettre. »

L'enfant va fonctionner par reconnaissance du symbole écrit. À chaque pince piochée, vous allez pouvoir lui donner le son de la lettre s'il ne le dit pas spontanément ou s'il ne s'en souvient pas : « Oh, c'est le [uuuuu]. » Ainsi, il va pouvoir réactiver la connaissance de la lettre. Si pour les lettres qui font deux sons, il vous en donne un des deux, c'est correct. À ce stade de l'apprentissage, il n'est pas nécessaire que votre enfant connaisse forcément les deux sons.

S'il a un doute ou ne trouve pas une lettre, dites-lui simplement de la mettre de côté et de s'en occuper après. Il va la trouver ensuite par lui-même quand il y aura moins de lettres. Si vous le voyez perdu, rassurez-le, dites-lui qu'il va y arriver et que vous êtes là s'il en ressent le besoin.

L'activité se termine quand toutes les pinces ont été mises sur le support par votre enfant. Le temps de rangement peut également faire partie de l'activité à part entière surtout si elle est proposée sur un plateau.

Variante

Vous pouvez profiter de cette activité pour revoir les lettres dans leurs différentes graphies si votre enfant est scolarisé et le fait à l'école. Dans ce cas, vous allez écrire par exemple sur le support en carton les lettres en capitales d'imprimerie et en script minuscule sur les pinces à linge. Ainsi, l'enfant va devoir faire les liens pour les associer correctement.

Bon à savoir

Gardez à l'esprit que votre intervention, en tant qu'adulte, n'est pas obligatoire dans ce type d'activités. Elle peut être proposée en toute autonomie à l'enfant surtout s'il connaît tous les sons des lettres écrites. Il est important, dans tous les cas, de ne pas intervenir durant l'activité afin de lui laisser l'opportunité d'être concentré au maximum notamment lorsqu'il recherche la lettre sur laquelle poser la pince.

Focus

Comment faire pour les lettres qui font plusieurs sons comme le G ?

Le français est loin d'être une langue simple, ce qui ne facilite pas l'apprentissage de la lecture chez les enfants.

Certaines lettres comme le G, le C ou encore le S font plusieurs sons. Elles sont appelées graphies contextuelles tout simplement car c'est le contexte, c'est-à-dire les lettres qui entourent la lettre, qui fait varier leur son.

En début d'apprentissage, pour plus de simplicité, la priorité est mise sur le son qui se retrouve le plus dans la langue française.

À savoir

- le son [g] comme dans le mot *gâteau* pour la lettre G
- le son [k] comme dans le mot *caramel* pour la lettre C
- le son [s] comme dans le mot *sucre* pour la lettre S

L'enfant va découvrir par la suite qu'il peut produire plusieurs sons en fonction des lettres autour. Mais nul besoin de complexifier le chemin. C'est par l'intermédiaire des mots comme *girafe*, *citron* ou encore *poison* qu'il va prendre conscience petit à petit que les lettres peuvent faire plusieurs sons. Et cela va arriver au bon moment pour lui.

Mais comment faire si votre enfant a un prénom avec une de ces lettres ? Par exemple, si elle s'appelle Cerise ou encore Géraldine. Bien sûr, dans ce cas précis, il faut adapter car on ne peut pas uniquement dire à un enfant « la lettre G fait le son [g] » si dans le sien elle fait le son [j]. Alors, vous allez pouvoir lui dire « dans ton prénom effectivement elle fait un autre son » et lui donner le nom du son pour qu'il puisse s'en imprégner.

Il faut toujours adapter les bonnes pratiques à votre réalité et que cela accompagne votre enfant le plus simplement possible. En résumé, on peut dire qu'il est conseillé de faire 1 lettre = 1 son sauf si vous êtes confronté à une exception. Gardez en tête que tout est adaptable.

8

LES SONS EN MOUVEMENT

À QUEL ÂGE ?
De 3 à 6 ans

POUR QUI ?
Pour les enfants qui découvrent les lettres et leur forme écrite

POUR QUELS OBJECTIFS ?
Découvrir puis revoir le son des lettres en reproduisant leur trace avec ce qui nous entoure

Découvrir avec le corps, à plusieurs, dans le plaisir, c'est vraiment une clé pour retenir à long terme les apprentissages. C'est exactement ce que permet cette activité. L'objectif va être de **réaliser les lettres avec son corps** et si besoin, en collaboration, à plusieurs.

Aucun matériel n'est nécessaire pour se lancer. Il vous suffit d'être là : votre corps et celui de votre enfant vont être au cœur de cette activité. Vous pouvez proposer à votre enfant de choisir la lettre qu'il veut reproduire avec son corps et éventuellement, s'il en a besoin, lui proposer des modèles de lettre.

C'est une activité qui met le corps en action et qui rend donc l'enfant pleinement acteur du moment. Si votre enfant le souhaite, vous pouvez prendre une photo de la lettre qu'il a réalisée avec son corps afin qu'il puisse la voir et s'autocorriger si besoin. Par la suite, il est possible d'imprimer les photos et d'en faire un album pour qu'il puisse le feuilleter chaque fois qu'il va en avoir envie.

Variante

Une excellente alternative à cette activité est de réaliser les lettres avec les éléments de la nature à disposition autour de l'enfant (bois, pierre, herbe…). Cela apporte un côté créatif à l'activité qui peut énormément plaire à certains enfants. Si la lettre n'est pas parfaitement réalisée selon vous, ne corrigez pas votre enfant, ne bougez pas les éléments pour faire mieux. Prenez simplement une photo pour qu'il puisse la revoir s'il le souhaite. C'est l'entraînement qui va permettre à l'enfant d'être de plus en plus précis dans ses réalisations.

Bon à savoir

Faire à deux, ensemble, permet à l'enfant de se sentir en confiance et de dépasser éventuellement ses difficultés, ses peurs. En tant que parent, il est essentiel d'être dans la valorisation de l'enfant plutôt que de mettre en avant ses échecs, ses imperfections. Un enfant qui sait que, peu importe le résultat de l'activité, son parent sera là pour le soutenir va se lancer plus facilement et tenter des expériences imparfaites. Il ne faut pas oublier que les échecs sont une opportunité d'apprentissage. C'est valable pour les enfants mais aussi pour nous, adultes.

9

TRACE DANS LE SABLE

À QUEL ÂGE ?
De 3 à 6 ans

POUR QUI ?
Pour les enfants qui maîtrisent certains sons et sont à l'aise avec les tracés

POUR QUELS OBJECTIFS ?
Revoir le son des lettres grâce au tracé

Cette activité nécessite d'avoir du sable à votre disposition, un plateau ainsi que des cartes-lettres pour avoir le modèle des lettres à tracer. Attention toutefois dans le choix du plateau pour l'activité. En effet, un plateau trop haut va induire chez l'enfant une mauvaise position de son poignet. Il faut vraiment un plateau avec un bord tout petit pour que la position du poignet soit la même que lorsque l'enfant écrit sur une feuille.

Avant de commencer l'activité, il faut disposer le sable sur le plateau. Il vous suffit ensuite de choisir avec votre enfant la lettre que vous allez tracer. L'idéal est d'avoir une carte-lettre à tracer pour qu'il puisse dans un premier temps tracer la lettre, mémoriser les gestes sur la carte avant de se lancer dans le sable.

L'objectif n'est absolument pas d'obtenir une lettre parfaite. **L'idée c'est vraiment de le laisser expérimenter, tracer encore et encore sans l'interrompre pour que le son et le tracé de la lettre s'imprègnent.** Il est donc conseillé si l'enfant est en difficulté de lui donner le son de la lettre avant qu'il ne commence son tracé pour pouvoir être pleinement concentré sur ce qu'il fait. C'est à force d'entraînement, de répétition volontaire, c'est-à-dire venant de l'enfant, qu'il va prendre confiance et parvenir petit à petit à associer le son de la lettre et son écriture.

Variante

Vous allez pouvoir proposer une alternative avec une pochette sensorielle. Il vous faut une pochette plastique transparente, de la peinture et du scotch. À l'intérieur de la pochette, vous allez mettre assez de peinture pour que tout l'espace soit rempli. Une fois qu'elle est pleine, vous allez simplement la fermer avec du scotch pour que la peinture ne puisse pas s'enfuir. Votre enfant va pouvoir tracer les lettres sur la pochette et les voir apparaître.

Le petit +

Tracer avec les doigts, c'est la première étape avant de proposer un outil pour écrire à l'enfant. En effet, l'utilisation d'un outil (stylo, crayon…) entraîne un effort plus important pour lui. C'est pourquoi proposer à l'enfant d'expérimenter avec ses doigts est fondamental pour qu'il soit par la suite plus à l'aise dans le graphisme.

10

SCOTCH SONS

À QUEL ÂGE ?
De 3 à 6 ans

POUR QUI ?
Pour les enfants qui maîtrisent déjà certains sons

POUR QUELS OBJECTIFS ?
Revoir le son des lettres de façon ludique et en mouvement

Cette activité nécessite du gros scotch ainsi que des lettres mobiles ou des bouts de papier avec les lettres inscrites dessus. Si vous choisissez la deuxième option, vous pouvez plastifier les feuilles-sons afin de pouvoir les réutiliser à l'infini.

Avant de commencer cette activité, il faut installer un long bout de scotch d'un meuble à un autre ou d'une chaise à une autre. La face collante doit être en l'air pour pouvoir y disposer les lettres. L'idée est toute simple : **votre enfant va venir disposer la lettre correspondant au son que vous venez de produire sur le scotch**. Il vous suffit de lui dire : « Colle la lettre qui fait le son [aaaaa]. » Il est important de veiller à ne pas mettre trop de sons sur lesquels votre enfant est hésitant : cela risque de le mettre en difficulté et de le décourager.

Et s'il se trompe, ce n'est absolument pas un problème. Vous allez simplement lui dire : « Oh, j'avais dit de coller [aaaa] et là tu as collé [ooo]. Mais où est [o] ? » Et s'il n'y arrive pas, montrez-lui la lettre et laissez-le la coller. C'est le côté collant de l'activité qui plaît et la rend ludique aux yeux de votre enfant. C'est finalement la seule chose qu'il doit garder en tête à la fin de l'activité : j'ai collé des lettres et c'était trop chouette.

Variante

À l'inverse de l'activité proposée, vous allez pouvoir ce coup-ci disposer tous les sons choisis directement sur le scotch. Votre enfant va simplement devoir vous dire le plus vite possible tous les sons qu'il connaît. S'il se trompe ou n'en reconnaît pas certains, laissez-le expérimenter. Pas à pas, à force de répétition, il va retenir de plus en plus de lettres. Alors encouragez-le dans chacune de ses réussites et n'hésitez pas à reprendre les sons les plus délicats dans d'autres activités dans les jours suivants.

Le petit +

Durant l'activité, veillez à toujours commencer par des lettres que votre enfant maîtrise parfaitement pour le mettre en confiance puis lui proposer un son qu'il maîtrise moins. En procédant ainsi, vous l'encouragez à poursuivre l'activité jusqu'au bout. À cet âge, l'échec est souvent difficilement géré par les enfants. Alors, il faut les accompagner en douceur et leur donner un coup de pouce chaque fois que cela est nécessaire.

11

TAPE AVEC LES MAINS

À QUEL ÂGE ?
De 3 à 6 ans

POUR QUI ?
Pour les enfants qui maîtrisent déjà de nombreux sons

POUR QUELS OBJECTIFS ?
Revoir le son des lettres en alliant mouvement et vitesse

Pour cette activité à réaliser à deux personnes et plus, il vous faut seulement des lettres mobiles (ou bien des cartes-lettres). Vous allez disposer les lettres de votre choix sur la table. Une fois les lettres installées, c'est parti pour le moment d'apprentissage.

Vous allez lui dire une lettre à retrouver grâce au son qu'elle fait, « trouve [rrrrr] », et il va devoir taper dessus le plus vite possible. S'il s'en sent capable, il peut à son tour vous proposer une lettre à trouver. Si vous êtes trois, il est encore plus facile de le faire sous forme de défis : l'un dit aux autres le son à trouver, « cherchez la lettre qui fait le son [sssss] », et c'est celui qui trouve en premier qui marque un point.

Si votre enfant est particulièrement sensible à l'échec, s'il se décourage vite, faites-le en équipe, en collaboration. Il faut vraiment que le plaisir soit au cœur de l'activité pour qu'il se mobilise au maximum et qu'il ait envie de recommencer et d'apprendre de plus en plus de lettres.

Variante

Pour rendre l'activité plus ludique, vous pouvez la proposer avec une tapette à mouche. Il vous suffit alors de taper sur la bonne lettre. Parfois, de petits accessoires peuvent avoir un fort impact sur la motivation de votre enfant. Gardez-le à l'esprit si vous sentez une baisse de motivation pour les activités que vous lui proposez.

Bon à savoir

Le balayage visuel est la capacité à explorer son environnement et à trouver l'information que l'on recherche. C'est donc un prérequis important dans l'apprentissage de la lecture. En favorisant les activités qui l'exercent, vous aidez votre enfant à mettre en place des stratégies d'exploration efficaces qui améliorent le balayage visuel. De façon conventionnelle, il s'agit d'activités permettant un balayage de gauche à droite et de bas en haut comme le sens de la lecture.

12

GARE LA VOITURE AU BON ENDROIT

À QUEL ÂGE ?
De 3 à 6 ans

POUR QUI ?
Pour les enfants qui maîtrisent de nombreux sons

POUR QUELS OBJECTIFS ?
Revoir le son des lettres de façon ludique et travailler la reconnaissance des lettres écrites

Cette activité nécessite d'avoir du carton, des gommettes à coller sur les voitures, un feutre ainsi que des voitures.

Pour préparer l'activité, il va falloir réaliser un parking grand format sur du carton mais aussi des gommettes-étiquettes à coller sur les véhicules. Sur le carton, vous allez tracer une route et des places de parking. Sur chaque place, il faut inscrire la lettre de votre choix. Vous pouvez décider de mettre de trois à vingt-six lettres : cela dépend vraiment de votre enfant et de ses capacités. Vous pouvez aussi, dans un premier temps, faire des places de parking vides pour que cela ne soit pas trop difficile et en ajouter progressivement.

Cette activité peut se faire de manière collaborative avec votre enfant : c'est même ce que je vous conseille. En créant le parking avec vous, il va forcément être davantage impliqué et avoir envie de faire l'activité par la suite. Peut-être même qu'il va vouloir tracer certaines lettres sur le parking ou encore les choisir avec vous et c'est vraiment super. **Tout ce processus créatif pour réaliser le parking est le plus important.** Votre parking ne sera peut-être pas comme vous l'aviez imaginé mais votre enfant, lui, va être sans nul doute vraiment heureux de l'avoir construit.

Durant la construction de votre parking et des gommettes, dessinez plutôt des places horizontales que verticales et pensez à bien orienter les gommettes toujours dans le même sens sur les véhicules. Cela va vous permettre d'éviter des situations par exemple où la lettre N devient un Z.

Une fois le parking prêt, il vous faut coller des gommettes avec les lettres sur les voitures. L'objectif est ensuite tout simple : on va garer les voitures dans les bonnes places. Vous allez dire à votre enfant : « Oh, tu prends la voiture [iiiiii], où vas-tu la garer ? » Vous pouvez procéder à tour de rôle afin de rendre l'activité plus attrayante et ludique. En plus, cela vous permet de lui dire le son de lettres dont il ne se souvient peut-être plus. Mais surtout, vous allez vous offrir un moment partagé tout doux.

Variante

Sur le même principe, pour les amoureux de la nature, vous allez pouvoir construire un parc animalier. Au lieu de places de parking, il vous suffit de dessiner avec votre enfant de grands enclos pour les animaux.

Le petit +

C'est en expérimentant et en fonctionnant par essai-erreur que votre enfant apprend. Ainsi, s'il ne place pas la voiture directement au bon endroit, ne dites rien. Laissez-lui la possibilité de s'en rendre compte seul. C'est normal d'être tenté d'aider son enfant pour ne pas qu'il se trompe. Mais le laisser expérimenter seul, trouver les bonnes réponses par lui-même sans l'aide d'une autre personne, c'est ce qui va lui permettre progressivement d'avoir confiance en lui et en ses capacités. C'est précieux pour tous les apprentissages à venir.

Focus

Doit-on mixer les différentes polices d'écriture ?

Proposer des activités autour des lettres avec les trois graphies (script majuscule, script minuscule et cursive) n'est pas un passage obligatoire dans l'apprentissage de la lecture.

Si votre enfant est scolarisé, cela va sans doute lui être proposé car c'est inscrit dans les programmes scolaires. Dans cette situation, vous pouvez lui proposer des activités pour faciliter la correspondance entre les différentes graphies.

Mais si votre enfant s'intéresse très tôt aux lettres, ou encore s'il est instruit en famille, vous n'êtes absolument pas obligé de proposer des activités mêlant les différentes graphies. Ce n'est en rien un prérequis pour apprendre à lire.

Alors, vous pouvez faire le choix d'une seule police d'écriture et vous y tenir jusqu'à ce que votre enfant lise seul de petites phrases. Petit à petit, quand il va se sentir de plus en plus à l'aise avec la lecture, il va transférer naturellement sa lecture dans toutes les polices d'écriture. C'est vraiment impressionnant à observer.

Mais alors, y a-t-il une meilleure police d'écriture qu'une autre pour commencer l'apprentissage de la lecture avec les enfants ?

Les études démontrent qu'il n'existe pas une meilleure police qu'une autre. Elles peuvent toutes permettre de la même façon une entrée naturelle dans la lecture. Cela va donc dépendre de votre sensibilité et de votre choix en matière de pédagogie.

Néanmoins, mon choix se dirige vers les capitales d'imprimerie, c'est-à-dire les majuscules. Pourquoi ? Parce que les enfants les voient facilement en se promenant, en observant autour d'eux. Les lettres en capitales d'imprimerie sont partout autour de nous, dans notre environnement (sur un panneau, une affiche, un vêtement…), ce qui n'est pas le cas de la cursive qui se rencontre peu dans le quotidien car nous l'utilisons uniquement pour écrire.

En choisissant les majuscules, l'enfant va avoir la possibilité de tenter de reconnaître les lettres puis de lire spontanément chaque jour. Quoi de mieux pour nourrir et entretenir son intérêt autour des lettres puis, plus tard, autour de la lecture de mots ?

13

LE BINGO DES LETTRES

À QUEL ÂGE ?
De 4 à 6 ans

POUR QUI ?
Pour les enfants qui maîtrisent déjà de nombreux sons

POUR QUELS OBJECTIFS ?
Exercer la reconnaissance des lettres écrites ainsi que leurs sons

Cette activité nécessite d'avoir des lettres mobiles, un sac de préférence opaque ainsi que des grilles de lettres (dans la même idée que les grilles de numéros du loto). Cela vous demande une préparation en amont pour les grilles. Vous pouvez les réaliser à la manière d'un loto tout simple : six à huit lettres, différentes en fonction des grilles.

Une fois que tout est prêt, il ne vous reste plus qu'à jouer. Plusieurs possibilités s'offrent à vous en fonction de vos envies pour gagner la partie : faire une ligne ou encore remplir sa grille. La consigne est bien sûr adaptable en fonction des grilles que vous avez faites.

Le sac opaque est conseillé pour ne pas que votre enfant soit tenté de « tricher » en regardant les lettres. Vous pouvez piocher une lettre à tour de rôle. Chaque fois, il vous faut simplement dire le son de la lettre et voir qui de vous deux l'a sur sa grille.

Il est possible de mettre plusieurs fois la lettre dans des grilles différentes. Dans ce cas précis, il vous suffit d'avoir des jetons, des petits cailloux en plus à disposer sur la grille.

Cette activité plaît à tous les coups. Choisissez l'objectif à atteindre (une ligne ou le carton) en fonction des capacités de concentration et des possibilités de votre enfant.

Bon à savoir

Ce que vous pouvez percevoir comme de la triche de la part de votre enfant, à savoir ici, le voir regarder à l'intérieur du sac, n'en est rien. En effet, il s'agit simplement de la curiosité naturelle de l'enfant. Ne pas regarder dans le sac est contre-intuitif et demande à votre enfant un véritable effort. Accompagnez-le dans cette démarche. Dites-lui qu'il peut fermer les yeux, tourner la tête… Petit à petit, il va y arriver, c'est certain. S'énerver parce que votre enfant triche vous prive d'un chouette moment partagé. Alors, soyez ouvert et à son écoute.

14

REMPLIS LE TABLEAU

À QUEL ÂGE ?
De 3 à 5 ans

POUR QUI ?
Pour les enfants qui maîtrisent déjà de nombreux sons

POUR QUELS OBJECTIFS ?
Revoir le son des lettres de façon ludique

Pour réaliser cette activité, il est nécessaire d'avoir à votre disposition une feuille, une règle, deux dés et un feutre. Vous allez tracer une grille de six cases par six cases soit trente-six cases avec les chiffres de 1 à 6 en face de chaque colonne et chaque ligne. Cela reprend le principe des tableaux à double entrée.

Dans chaque case, vous allez écrire une lettre de votre choix. Il est bien sûr possible d'avoir plusieurs fois la même lettre en fonction du niveau de l'enfant. Cette activité est à présenter quand l'enfant connaît déjà de nombreuses lettres. Une fois la grille prête, vous allez pouvoir commencer l'activité.

Pour le premier tour, l'enfant lance les deux dés. Si par exemple il fait 2 et 4, il va pouvoir barrer la lettre correspondant à ces deux chiffres dans le tableau. Il va y avoir deux possibilités au démarrage : barrer la combinaison colonne 4 – ligne 2 ou colonne 2 – ligne 4. Le jeu se fait à tour de rôle. Le premier à avoir aligné quatre croix (horizontal, vertical ou diagonal) a gagné la partie.

Ce jeu permet d'allier de nombreuses compétences et le rend vraiment ludique auprès des enfants.

Variante

Pour les enfants qui en sont à un stade moins avancé dans leur apprentissage des sons, vous allez pouvoir proposer un tableau en mode trois lettres – trois couleurs. L'enfant va devoir écrire ou placer les lettres en respectant la lettre choisie et sa couleur. Si dans la colonne il y a le L et dans la ligne choisie du bleu, alors il va mettre le L bleu dans la case. Et ainsi de suite jusqu'à remplir tout le tableau.

Bon à savoir

Les tableaux à double entrée sont une activité phare en maternelle. Ils permettent d'aborder plein de compétences : la reconnaissance des constellations de chiffres avec les dés mais aussi le repérage dans l'espace avec la case à identifier en fonction du lancer de dés. Dans cette activité, votre enfant s'entraîne autour des lettres mais les tableaux à double entrée peuvent également exercer le langage, les mathématiques. Tout est possible !

15

ÉCRIRE UNE LETTRE DANS LE DOS

À QUEL ÂGE ?
De 4 à 6 ans

POUR QUI ?
Pour les enfants qui maîtrisent déjà de nombreux sons

POUR QUELS OBJECTIFS ?
Exercer la reconnaissance des lettres écrites en s'appuyant sur le sensoriel

Pour cette activité, vous devez simplement être à deux. Cette activité va sûrement vous évoquer des souvenirs d'enfance. Pourquoi ? Parce que **l'objectif de l'activité va être de tracer la lettre dans le dos de l'autre et de faire en sorte qu'il arrive à la deviner**. Ensuite, à son tour, s'il s'en sent capable, il va vous faire deviner une autre lettre.

Pour aiguiller les plus petits ou si vous sentez votre enfant en difficulté, vous allez pouvoir choisir des lettres à tracer durant votre activité et les mettre devant lui soit directement sur une feuille, soit avec les lettres mobiles. Ainsi, il va être plus à l'aise pour tracer les lettres, mais aussi pour les reconnaître. Cela lui permet d'avoir un support visuel sur lequel s'appuyer.

Cette activité paraît toute simple. Pourtant, elle ne l'est pas. Elle demande à l'enfant d'être pleinement concentré sur ce moment. Et surtout de parvenir à visualiser ce qu'il ne voit pas en se focalisant sur votre geste. Ce qui est un vrai défi.

Si vous voyez que votre enfant est plus à l'aise sur le tracé que sur la reconnaissance, ou inversement, vous pouvez faire le choix de ne pas lui imposer le tour de rôle. Il est possible qu'il devine seulement les lettres que vous tracez. Peut-être qu'une fois prochaine, il aura envie de tracer les lettres à son tour dans votre dos. Comme toujours, les activités sont là pour vous inspirer mais elles ne sont pas figées.

Le petit +

Être capable de reconnaître une lettre, sans la voir, est un vrai défi pour votre enfant. Pour y parvenir, cela lui demande d'avoir suffisamment assimilé la lettre et sa forme pour la reconnaître grâce aux traces laissées dans son dos. Ce n'est pas un exercice facile et vous allez voir que même en tant qu'adulte, il est possible de se sentir en difficulté. Alors, surtout, n'hésitez pas à tracer plusieurs fois la lettre dans le dos de votre enfant et à lui laisser un support visuel sur lequel s'appuyer si besoin.

Partie 2

JOUER AVEC LES SONS

16

RANGE-MOI DANS LA BONNE MAISON

À QUEL ÂGE ?
De 3 à 6 ans

POUR QUI ?
Pour les enfants qui sont à l'aise avec le son des lettres

POUR QUELS OBJECTIFS ?
Exercer la reconnaissance des sons à l'oral en début de mot

Pour cette activité, il vous faut des feuilles, des feutres ainsi que des objets ou images correspondant aux sons choisis. Elle nécessite un peu de préparation avant de la proposer à votre enfant.

Avant de commencer, vous allez prendre deux feuilles et sur chacune d'entre elles dessiner une petite maison, de préférence chacune d'une couleur différente. Il va être possible de le faire avec votre enfant s'il souhaite les dessiner. Chaque maison va être la maison d'un son : par exemple, la maison verte est celle du [o] et la maison bleue est celle du [r]. Il vous faut aussi des objets ou images commençant par les sons choisis.

Vous allez ensuite disposer les deux maisons devant lui ainsi que les objets choisis. Votre enfant va devoir ranger chaque objet dans la bonne maison.

Pour l'aider à identifier le premier son du mot, vous allez pouvoir allonger le son de l'objet choisi par votre enfant. Par exemple, s'il s'agit d'une orange, vous allez dire « c'est une ooooooo-range ». Cela va permettre à votre enfant de bien entendre le premier son et de placer l'objet dans la bonne maison. Petit à petit, il va prendre l'habitude de le faire tout seul et ça va être de plus en plus facile pour lui d'identifier le son initial des mots.

En cas d'erreur, vous pouvez éventuellement demander à votre enfant : « Es-tu sûr qu'il est dans la bonne maison ? Écoute ooooorange. » S'il ne s'autocorrige pas et vous dit oui, laissez-le faire ainsi : c'est qu'il ne parvient pas à entendre correctement le premier son du mot. Et si vous constatez que c'est trop difficile pour lui, arrêtez simplement l'activité : c'est qu'il n'est pas encore prêt. Ce n'est pas un échec que d'arrêter une activité si ce n'est pas le bon moment pour votre enfant. Vous pourrez la lui proposer de nouveau d'ici quelques semaines.

Variante

Au lieu de maisons dessinées à la main, vous pouvez proposer cette même activité avec deux petits paniers. Sur le même principe, votre enfant va simplement devoir mettre les objets dans le bon panier.

Le petit +

Pour plus de facilité, il est conseillé dans un premier temps de choisir des sons très différents d'un point de vue articulatoire. Vous pouvez choisir de préférence une voyelle et une consonne comme le R et le A, ou encore le O et le S. Plus les sons sont éloignés l'un de l'autre et plus votre enfant va arriver à percevoir le bon son. Au fur et à mesure, vous allez pouvoir lui proposer des sons qui se ressemblent davantage. C'est en y allant pas à pas que vous allez lui donner confiance et envie d'aller plus loin.

17

MON PETIT ŒIL VOIT

À QUEL ÂGE ?
De 3 à 6 ans

POUR QUI ?
Pour les enfants qui sont à l'aise avec le son des lettres

POUR QUELS OBJECTIFS ?
Exercer la reconnaissance des sons à l'oral en début de mot

Cette activité est issue de la pédagogie Montessori. Elle nécessite d'avoir à votre disposition de petits objets commençant par différents sons.

Avant de commencer l'activité, il vous faut sélectionner quelques objets en fonction des sons que vous voulez revoir avec votre enfant. Il est nécessaire que l'enfant connaisse le vocabulaire des mots choisis. Pensez donc à vérifier qu'il connaît bien les mots proposés. Pour lui faciliter la tâche, dans un premier temps, vous allez pouvoir accentuer et faire durer le son initial, par exemple [chhhhhhhhhhhhocolat] au lieu de chocolat.

Ensuite, vous allez disposer trois objets devant lui et lui dire « mon petit œil voit un objet qui commence par le son [ffff] ». L'enfant va devoir montrer le bon objet (par exemple : le fil). On se concentre uniquement dans un premier temps sur le son initial des mots. Laissez le temps à votre enfant de s'autocorriger.

En cas d'erreur, ne lui signifiez pas directement mais dites-lui par exemple : « Tu m'as montré le lapin, montre-moi le mot qui commence par [s] » ou encore « tu m'as donné le lapin, est-ce que ça commence vraiment par [s] ? » En règle générale, l'enfant va se rendre compte de lui-même de son erreur et va s'autocorriger. Et si ce n'est pas le cas, vous pouvez lui dire « lapin, ça commence par [l]. Est-ce que [l] et [s] c'est pareil ? » Il est important que l'enfant ne se sente pas en échec durant ces activités d'apprentissage.

Variante

En duo, voire en famille, vous pouvez proposer à votre enfant de trouver le son commun à plusieurs mots : « Si je dis Okapi, Orange et Olive, quel est le son qui commence chaque mot ? » Cela va lui permettre d'être attentif aux sons qu'il prononce quand il parle ou qu'il entend quand les mots sont dits par une autre personne. Ce n'est pas toujours une activité facile mais elle est riche d'apprentissage pour lui. Si vous sentez des difficultés à retenir les mots, vous pouvez bien sûr lui proposer des images en soutien.

Bon à savoir

Cette activité permet d'exercer ce qu'on appelle la conscience phonologique, c'est-à-dire la capacité à percevoir, manipuler et découper les unités sonores de la langue française : à savoir dans ce cas les phonèmes (les sons). Identifier le son initial d'un mot, c'est une première étape avant de pouvoir le faire avec toutes les positions (finale, médiane) des sons dans un mot. C'est une étape indispensable pour apprendre à lire.

18

PÊCHE AUX SONS

À QUEL ÂGE ?
De 3 à 6 ans

POUR QUI ?
Pour les enfants qui sont à l'aise avec le son des lettres

POUR QUELS OBJECTIFS ?
Exercer la reconnaissance des sons à l'oral en début de mot

Pour cette activité, il vous faut un saladier (ou un bac) avec de l'eau, des objets, une feuille pour écrire les sons à pêcher ainsi qu'une cuillère pour attraper les objets dans l'eau.

Pour démarrer l'activité, il est nécessaire de remplir le bac d'eau et de disposer les objets que vous avez choisis à l'intérieur. À côté du saladier, vous disposez la liste avec les sons à retrouver (exemple : A comme ananas, S comme salade, R comme raisin...). Ensuite, **à tour de rôle, vous allez choisir une lettre et dire son son**. L'autre va devoir pêcher le bon objet commençant par le son choisi. Vous pouvez également le faire sous forme de défis. Dans ce cas précis, il faut préparer des cartes avec les lettres choisies. Chacun son tour, vous allez piocher une carte et vous allez devoir attraper l'objet correspondant à la lettre en premier. Certains enfants sont motivés par les défis, d'autres aiment moins. Alors adaptez-vous à votre enfant, vous êtes le mieux placé pour lui proposer les activités adéquates.

Évitez de proposer des lettres trop proches d'un point de vue articulatoire en première intention (comme le b et le d, ou encore le m et le n), il peut être difficile pour l'enfant de parvenir à faire la différence entre les deux. Vous allez pouvoir le faire au fil du temps si vous sentez votre enfant à l'aise.

Variante

Il est possible de le faire dans le sens inverse : les lettres dans le saladier et les objets à côté du saladier. Vous pouvez également lui proposer une liste avec des images. Cela vous permet de préparer les listes à l'avance et de ne pas être pris au dépourvu. Ne mettez pas plus d'une dizaine d'images pour débuter. Et en fonction de la durée de concentration de votre enfant, vous allez pouvoir augmenter le nombre au fur et à mesure.

Le petit +

Dans cette activité, le focus est mis sur le son des lettres. Alors il faut y être attentif lors de la sélection d'objets. Notre choix va se porter sur un cochon, une courgette ou encore un couteau pour la lettre C, pas sur un chat ou bien une cerise. Faire attention aux sons initiaux des mots va être essentiel pour accompagner votre enfant dans son apprentissage. Il est essentiel de se concentrer sur le son entendu, et non sur l'orthographe du mot. Ce n'est pas parce qu'il commence par la lettre quand il est écrit qu'on va le choisir.

19

RETROUVE L'ANIMAL

À QUEL ÂGE ?
De 3 à 6 ans

POUR QUI ?
Pour les enfants qui sont à l'aise pour manipuler des sons

POUR QUELS OBJECTIFS ?
Entendre des sons, les assembler pour former un mot

Cette activité va nécessiter uniquement des figurines d'animaux. Si vous n'en avez pas à votre disposition, vous pouvez éventuellement utiliser des images d'animaux, dans l'idéal plutôt réalistes.

L'objectif va être de décomposer l'animal choisi en son. Par exemple, vous choisissez la poule, vous allez lui dire « j'ai choisi [P, OU, L] » en donnant le son de chaque lettre. Votre enfant va assembler les lettres dans sa tête et attraper la bonne figurine. S'il s'en sent capable, il va pouvoir le faire à son tour. Sinon, vous pouvez lui faire deviner tous les animaux.

Toute cette activité est faite uniquement à l'oral. On ne cherche pas là à exercer la reconnaissance des lettres ou encore à écrire les mots. Il s'agit de s'amuser avec les sons à l'oral. C'est une étape essentielle et importante pour l'enfant que de parvenir à assembler les sons ensemble pour former un mot.

Ayez en tête que cette activité est déclinable à l'infini. Tout est possible comme thématique (véhicules, aliments, vêtements…) en fonction des intérêts de votre enfant. Plus l'activité va se rapprocher de ses intérêts, plus sa concentration va être grande et plus il va être en capacité d'aller jusqu'au bout de l'activité.

Variante

Une fois que l'enfant est à l'aise avec cette activité, il vous est possible de la complexifier. En effet, vous allez la lui proposer seulement à l'oral, sans aucun objet devant lui. Cela la rend plus difficile car il ne va pouvoir s'appuyer sur aucun élément pour deviner le mot. Cette activité est parfaite pour les temps de transition (salle d'attente, restaurant, trajet en voiture).

Bon à savoir

La fusion phonémique est la capacité à associer les sons ensemble pour former un mot. C'est grâce à cette compétence que votre enfant va pouvoir apprendre à lire. C'est pourquoi il est intéressant de lui proposer de nombreuses activités comme celle-ci. Plus il va être à l'aise avec la manipulation et la fusion des sons ensemble à l'oral, plus il y a de chance que l'apprentissage de la lecture se passe bien.

20

LA MARCHANDE

À QUEL ÂGE ?
De 3 à 6 ans

POUR QUI ?
Pour les enfants qui sont à l'aise avec la manipulation de sons à l'oral

POUR QUELS OBJECTIFS ?
Entendre des sons, les assembler pour former un mot

Pour cette activité, vous allez simplement avoir besoin de lettres mobiles pour écrire les mots. Vous pouvez les disposer comme vous le souhaitez pour rendre l'activité plus ludique. On peut facilement envisager de les disposer dans des paniers, des assiettes, des verres, sur une table bien rangée à la façon d'un étal de marché.

Une fois toutes les lettres installées, l'activité peut débuter. Vous allez dire à votre enfant le mot que vous voulez écrire. Par exemple, « je veux écrire MOTO » et lui donner ensuite le son des lettres dont vous avez besoin pour l'écrire.

« Je voudrais écrire Moto », il me faut [mmmmm], [oooo], [tttt], [ooo]. **Votre enfant va vous donner les lettres au fur**

et à mesure. N'hésitez pas à faire des temps de pause en attendant qu'il vous donne la première lettre. En fonction du nombre de lettres devant lui, il peut être difficile de trouver la lettre. Et s'il s'en sent l'envie, vous pouvez inverser les rôles et devenir à votre tour la marchande. Si le mot choisi par votre enfant s'avère difficile, soutenez-le et aidez-le en allongeant par exemple les sons du mot afin que ce soit plus facile pour lui.

Le petit +

Être en mesure d'identifier à l'oral les sons d'un mot est essentiel. C'est ce qui va permettre à votre enfant par la suite de segmenter correctement les mots en sons et donc de les écrire. Une fois que l'enfant est à l'aise à l'oral, il va être important d'y associer les lettres. C'est une étape supplémentaire et qui implique un nouvel effort pour lui. En effet, cela lui demande d'associer le son à la lettre correspondante. Mais c'est ainsi que, petit à petit, votre enfant va apprendre à écrire des mots en respectant les sons qu'il entend.

Focus

À l'école, mon enfant segmente les mots en syllabe, est-ce vraiment utile ?

Pour une bonne entrée dans la lecture, votre enfant a besoin uniquement de parvenir à découper les mots en sons. Cela correspond à la plus petite unité sonore de notre langue : le phonème. Il est parfois difficile pour l'enfant de le percevoir, notamment sur des sons très courts comme le [b] ou encore quand il y a un enchaînement de consonnes comme le [tr].

Le passage par la syllabe peut permettre à votre enfant de se rendre compte qu'il existe une plus petite unité que le mot pour l'amener progressivement vers le son. Ce n'est en soi pas une étape obligatoire ni même indispensable, mais elle peut être utile notamment pour les enfants plus en difficulté pour identifier les sons.

La syllabe est l'unité la plus naturelle pour les enfants : c'est celle qu'ils vont percevoir facilement au démarrage de l'apprentissage de la lecture. En demandant par exemple à votre enfant « qu'est-ce que tu entends au début du mot baleine ? », il y a de fortes chances qu'il vous réponde « BA » s'il vient tout juste de démarrer son apprentissage. Il se peut également qu'il fasse cela à l'école et qu'il soit tout fier de vous le montrer, félicitez-le bien sûr mais ne lui proposez pas spécialement de le faire à la maison. Il est plus intéressant de mettre le focus sur le son des lettres.

Dans ce type d'activités (présentes dans toute la partie 2 de ce livre), il peut vous arriver d'avoir l'impression que votre enfant vous répond au hasard, qu'il ne semble pas très attentif ou encore complètement perdu. Accompagnez-le en douceur, c'est nouveau pour lui et il va avoir besoin de temps pour se sentir confiant. Et si vous le sentez vraiment trop en difficulté, n'insistez pas. C'est simplement le signe qu'il n'est pas encore prêt.

21

CHERCHE ET TROUVE DANS LE SABLE

À QUEL ÂGE ?
De 3 à 6 ans

POUR QUI ?
Pour les enfants qui sont à l'aise avec la manipulation de sons à l'oral

POUR QUELS OBJECTIFS ?
Exercer la reconnaissance des sons à l'oral en début de mot

Cette activité nécessite d'avoir un plateau avec du sable à l'intérieur, des lettres à cacher dans le sable (lettres mobiles ou lettres plastifiées sur une feuille) et des petits objets en fonction des mots que vous allez choisir. Il faut remplir le plateau avec une bonne dose de sable afin de pouvoir vraiment cacher les lettres.

Avant de commencer l'activité, il vous faut cacher les lettres et établir la liste des objets à prendre dans votre environnement. **L'idée va être d'associer la lettre, plus précisément le son de la lettre avec le bon objet** (ex. : L comme loupe, P comme pinceau…). Si votre enfant est à l'aise, vous allez pouvoir choisir entre cinq et dix lettres-objets. Si c'est plus difficile pour lui, commencez en douceur avec uniquement trois lettres. Et n'hésitez pas à réajuster si besoin en milieu d'activité. Mieux vaut prendre deux minutes pour ajuster l'activité plutôt que de laisser poursuivre votre enfant alors que c'est trop facile ou bien trop difficile pour lui.

Une fois tout prêt, il ne vous reste plus qu'à disposer le plateau et les objets devant votre enfant. C'est vraiment une activité qui plaît à tous les coups. Les enfants adorent chercher dans le sable. Pour la rendre encore plus ludique, vous pouvez si vous le souhaitez lui fournir un pinceau pour qu'il puisse se prendre pour un archéologue à la recherche de trésors.

À chaque lettre trouvée, vous allez lui dire : « Avec quel objet va cette lettre ? » Elle fait le son [iiiiii] comme iguane par exemple. Votre enfant va devoir simplement associer chaque lettre au bon objet en fonction du son initial.

Variante

Cette activité peut être proposée également sous forme de chasse au trésor. Votre enfant va chercher les lettres dans le sable. Une fois qu'il a trouvé une lettre, il va aller chercher dans la maison un objet qui va commencer par le bon son. L'occasion d'allier apprentissage et mouvement.

Le petit +

En proposant une activité avec un nombre d'éléments définis, vous allez permettre à votre enfant de pouvoir s'autocorriger au fil de son activité sans même votre intervention. En effet, si en première intention, il associe par exemple la lettre A à l'étoile, il se peut qu'il s'aperçoive seul de son erreur quand il va prendre la lettre É et se rendre compte qu'elle va avec l'étoile. Il va donc pouvoir procéder par essai-erreur. C'est vraiment important de proposer ce type d'activité à votre enfant car il ne se retrouve pas directement confronté à un échec. Et cela l'encourage clairement à poursuivre et à aller jusqu'au bout de l'activité.

22

COMPOSE TES MOTS

À QUEL ÂGE ?
De 4 à 6 ans

POUR QUI ?
Pour les enfants qui sont à l'aise avec la manipulation de sons et la reconnaissance des lettres

POUR QUELS OBJECTIFS ?
Exercer la composition de mots avec des lettres mobiles

Pour réaliser cette activité, il vous faut au minimum des lettres mobiles. Dans l'idéal, vous pouvez aussi prévoir des images de mots « transparents », c'est-à-dire qui s'écrivent comme ils s'entendent. Avoir un support visuel pour l'enfant va vraiment l'aider à se mobiliser avec pour objectif d'écrire le mot qu'il observe. Pour les premières fois, il est également possible d'écrire les lettres du mot dans le désordre à votre enfant. L'idée est qu'il puisse s'appuyer sur ce que vous avez écrit pour partir à la recherche des lettres avant de pouvoir se concentrer sur les sons du mot à écrire.

Vous allez choisir un mot pour votre enfant et lui proposer de l'écrire avec des lettres mobiles sur un tableau, si elles sont magnétiques, ou encore sur la table tout simplement. Il est important de veiller à ce que les lettres soient bien disposées pour faciliter leur recherche au moment d'écrire le mot.

Une fois le premier mot choisi, vous allez aider votre enfant à trouver les lettres qui composent le mot en lui disant, par exemple, « pour écrire le mot AS, il te faut la lettre S et la lettre A ». Vous n'allez pas lui donner la consigne en entier car il y a trop d'informations. Vous allez plutôt faire un temps de pause le temps qu'il trouve la première lettre puis lui dire la deuxième. Lui laisser le temps, c'est limiter le risque qu'il panique et s'arrête car l'activité le met en difficulté.

Dès que votre enfant a trouvé toutes les lettres nécessaires, vous allez l'aider à composer les mots en allongeant les sons au maximum. « Dans le mot AS, on entend [aaaaaaaaaaaaa] (pause jusqu'à ce que l'enfant pose la lettre) [sssssssss]. » S'il hésite, redonnez-lui le son autant de fois que nécessaire. Entendre le son sur une durée longue lui permet de l'intégrer et de le retrouver plus facilement. Vous allez procéder ainsi pour les mots choisis. Petit à petit, à mesure que vous allez lui proposer de nouveau cette activité, il va être nécessaire d'atténuer l'aide que vous lui apportez. Vous allez voir que naturellement il va y arriver seul au fil du temps. Ce processus peut être long : il peut durer de plusieurs semaines à plusieurs mois sans que cela ne soit le signe de la moindre difficulté.

De plus, il est normal que votre enfant s'arrête au bout d'un seul voire deux mots écrits. C'est une activité qui mobilise énormément de compétences et qui lui demande un effort important. Cela peut être frustrant pour vous. Mais vraiment, suivez son rythme et allez-y en douceur.

Le petit +

Il n'est pas toujours évident pour vous, parents, de parvenir à trouver les bons mots à proposer à votre enfant. Alors pour vous inspirer, voici quelques mots à proposer à votre enfant pour cette activité : as, dé, lac, bus, boa, été, mur, sac, vélo, moto, bébé, papa, iris, loto, lama ou encore pita. L'essentiel est de veiller à ce que tous les sons du mot soient réguliers pour que votre enfant ne soit pas mis en difficulté.

Focus

Comment faire si mon enfant écrit mal le mot ?

Voir votre enfant composer ses premiers mots avec des lettres mobiles, c'est une belle étape à observer en tant que parents. Mais très vite, cela peut aussi amener des doutes notamment quand votre enfant n'écrit pas correctement le mot (chocola au lieu de chocolat, ou encore « je tèm » pour « je t'aime »). Et c'est totalement normal de s'interroger.

Le plus important à avoir en tête, c'est qu'il est normal que votre enfant en début d'apprentissage de la lecture et de l'écriture fasse des erreurs. La langue française est une langue complexe et il va lui falloir de nombreuses années pour la maîtriser. Dites-vous que même en tant qu'adulte, il vous arrive souvent de douter de l'orthographe d'un mot.

Dans tous les cas, le plaisir d'écrire doit rester la priorité absolue. Un enfant qui écrit spontanément un mot, que ce soit avec des lettres mobiles ou un stylo, y met tout son cœur. Cela lui demande une grande énergie. Pointer ses erreurs à cet instant précis ne va pas être un choix gagnant. Il va même être contre-productif et peut décourager votre enfant de recommencer.

Pour mieux comprendre la situation, changeons d'angle quelques secondes. Vous êtes en train d'apprendre l'italien. Vous tentez d'écrire une phrase, vous doutez, c'est loin d'être simple. À cet instant précis, pour garder l'envie d'écrire, vous allez avoir besoin qu'on vous encourage, peu importe l'imperfection du résultat ou qu'on pointe toutes vos erreurs ? La réponse est inscrite au fond de vous.

Valoriser les productions de l'enfant, suivre son enthousiasme et l'effort mis pour y parvenir doit toujours être la priorité. Vous allez pouvoir revenir sur les mots par la suite. C'est aussi pour cela qu'en début d'apprentissage, il est conseillé de mettre le focus sur les mots réguliers, transparents qui n'ont pas de lettres que votre enfant ne va pas entendre.

Nulle culpabilité si vous avez déjà dit à votre enfant fier de vous montrer ce qu'il vient d'écrire « à la fin de fort, il y a un T ». Ce n'est pas parce que parfois vous allez lui indiquer une erreur qu'il ne va plus oser écrire la fois suivante. Le plaisir d'écrire, de partager, c'est la base d'un apprentissage serein.

Mais alors, comment lui montrer la bonne orthographe si je ne le reprends pas au moment où il écrit ? C'est une excellente question. C'est vrai que cela peut vous paraître moins intuitif. Si votre enfant commence à lire, vous allez simplement pouvoir lui écrire le mot dans un autre contexte. Ce matin, il vous a écrit « maman je tèm ». Vous allez pouvoir le lendemain lui laisser un mot avec écrit « je t'aime ». La bonne orthographe va donc lui être présentée et petit à petit, il va comprendre que vous avez écrit correctement le mot. Peut-être même qu'il va vous dire « mais moi je ne l'ai pas écrit comme ça ». Alors ça va être une parfaite occasion d'échanger sur la langue et ce mot en particulier en lui expliquant que le « ai » s'écrit ainsi dans « je t'aime ». Toutes les opportunités sont bonnes pour échanger autour de l'orthographe des mots.

23

J'AI DANS MA TÊTE

À QUEL ÂGE ?
De 4 à 6 ans

POUR QUI ?
Pour les enfants qui sont à l'aise avec l'identification du son initial

POUR QUELS OBJECTIFS ?
Exercer l'évocation de mots tout en mobilisant la mémoire

Cette activité ne nécessite aucun matériel mais elle demande d'être réalisée au moins en duo avec votre enfant. Elle va exercer l'évocation de mots, c'est-à-dire la capacité à trouver des mots en fonction d'une consigne. Dans cette activité, **l'objectif va être d'évoquer des mots commençant par un son défini par vous deux**.

Par exemple, si vous choisissez le son A, vous allez débuter en disant « j'ai dans ma tête un mot qui commence par A : ananas ». À son tour, votre enfant va devoir ajouter un mot mais aussi dire celui que vous avez choisi, ce qui va donner « dans ma tête, j'ai ananas et avion ». Ainsi de suite, jusqu'à ce que l'un d'entre vous ne se souvienne plus et abandonne. C'est vraiment une activité rigolote, à faire sans aucune pression.

Néanmoins, cette activité n'est pas évidente car elle demande à votre enfant de trouver des mots dans son vocabulaire qui réponde à un critère défini (ici, le son qui commence le mot). Il faut vraiment que votre enfant soit à l'aise dans la recherche de mots et dans la maîtrise des sons avant de lui proposer cette activité. Il est fort probable que les premières fois, ce soit tout de même difficile pour votre enfant. Alors, donnez-lui plein de mots pour l'inspirer, cela va l'aider à prendre confiance et à se lancer petit à petit.

Variante

Pour les lecteurs de mots, vous pouvez proposer une alternative avec un panier à remplir et des étiquettes-mots que votre enfant peut lire. Vous reprenez le même concept et à chaque fois, l'un de vous va lire un mot et le déposer dans le panier. Celui d'après va devoir ajouter un nouveau mot et dire également le précédent. Et ainsi de suite…

Bon à savoir

Dans cette activité, deux compétences sont exercées simultanément : la capacité d'évoquer des mots, mais aussi la mémoire de travail. Cette dernière est un prérequis essentiel dans l'apprentissage de la lecture. En effet, la mémoire de travail va permettre à votre enfant d'associer un son à la lettre correspondante mais également plus tard de comprendre ce qu'il va lire. Comprendre une phrase, c'est lire chaque mot, les garder en mémoire pour en décoder le message. Si votre enfant oublie un mot durant la lecture d'une phrase, il ne va naturellement pas comprendre ce qu'il vient de lire. Pour exercer la mémoire au quotidien de votre enfant, vous pouvez lui proposer par exemple des Memory (c'est-à-dire des jeux de mémoire où l'enfant doit retrouver un maximum de paires d'images identiques).

24

LES DÉS DES SONS

À QUEL ÂGE ?
De 4 à 6 ans

POUR QUI ?
Pour les enfants qui sont à l'aise avec la manipulation de sons et la reconnaissance des lettres

POUR QUELS OBJECTIFS ?
Exercer l'évocation de mots

Pour réaliser cette activité, il vous faut plusieurs dés, du papier, des feutres et de la colle.

Dans l'idéal, on peut avoir des dés vierges de grande taille. Mais l'activité est tout à fait réalisable avec des dés classiques. **Sur chaque face du dé, vous allez coller un papier avec une lettre inscrite.** Et procéder ainsi sur tous les dés que vous avez choisis. L'objectif à la fin de la préparation est que chaque face du dé soit différente, c'est-à-dire qu'elle contienne une lettre différente.

Ensuite, votre enfant va simplement lancer le dé de son choix. S'il tombe sur le É, il va devoir trouver un mot qui commence par ce son. Si vous le souhaitez, vous pouvez jouer à tour de rôle mais aussi en formant une équipe dont l'objectif va être de trouver un maximum de mots.

Il est facile d'envisager un système de points où chaque mot compte pour un point. L'objectif ne va pas être qu'il gagne contre quelqu'un mais simplement qu'il visualise combien de mots il a réussi à trouver. Parfois, dans le jeu, les enfants ne se rendent pas compte du travail extraordinaire qu'ils viennent d'effectuer. Leur montrer, c'est les aider à se rendre compte qu'ils ont de grandes capacités qu'ils ignorent bien souvent.

Variante

Vous allez pouvoir simplement proposer à votre enfant de composer le mot qu'il va évoquer. Il va lancer le dé qu'il a choisi puis une fois le mot trouvé, il va tenter de l'écrire avec des lettres mobiles. C'est une manière d'exploiter de nouveau les dés tout en entraînant une compétence fondamentale pour l'apprentissage de la lecture en cours.

Bon à savoir

Être capable d'évoquer des mots suivant une consigne, c'est ce qu'on appelle les fluences. Celles-ci permettent de voir comment votre enfant est capable d'aller chercher des mots en fonction de critères définis dans son lexique, son vocabulaire. Deux types de fluences sont proposés aux enfants : les fluences phonémiques en fonction des sons (trouve-moi des mots qui commencent par O) et les fluences sémantiques en fonction d'un thème (donne-moi des animaux à quatre pattes, des moyens de transports...).

25

TROUVE-MOI DANS TON ENVIRONNEMENT

À QUEL ÂGE ?
De 4 à 6 ans

POUR QUI ?
Pour les enfants qui sont à l'aise avec la manipulation de sons et la reconnaissance des lettres

POUR QUELS OBJECTIFS ?
Exercer la conscience phonologique et l'évocation de mots dans l'environnement

Pour proposer cette activité à votre enfant, il vous faut uniquement une assiette en carton. Sur le tour de l'assiette, vous allez écrire toutes les lettres que vous voulez. Il est possible de mettre toutes les lettres de l'alphabet (sauf le H qui ne fait pas de son). Une fois toutes les lettres écrites sur le bord, vous allez couper l'assiette entre chaque lettre sur 2-3 cm, pas plus.

Cette activité peut être proposée quand votre enfant est vraiment à l'aise avec la recherche de mots commençant par un son. Sinon elle va le mettre en difficulté et ce n'est absolument pas le but.

L'idée est de partir à la recherche d'éléments commençant par les sons de l'assiette lors d'une balade, dans la rue ou dans la forêt. Si votre enfant voit un arbre, il va pouvoir appuyer sur la languette du A pour la baisser et savoir qu'il a trouvé un objet commençant par ce son. L'objectif est que votre enfant trouve un élément pour chaque lettre écrite sur l'assiette.

Cette activité peut être longue : il ne faut pas hésiter à la proposer sur plusieurs jours. Et chaque fois que vous sortez, vous emportez l'assiette avec vous. L'activité se termine quand votre enfant a trouvé un élément pour chaque lettre.

Bien sûr, vous pouvez tout à fait la faire à deux en collaboration. Cela vous permet d'aiguiller votre enfant quand vous trouvez un élément.

Le petit +

Quatre enfants sur dix ne jouent jamais dehors pendant la semaine. Or être dehors dans la nature est essentiel au bon développement de votre enfant. Cette activité peut être l'occasion d'aller faire une courte balade en sortant de l'école et d'ouvrir vos yeux ensemble sur tout ce qui se présente devant vous. Une douce manière d'allier sortie dans la nature et observation de l'environnement.

Partie 3

VERS LA LECTURE DE SYLLABES

26

ROULE AVEC TA VOITURE

À QUEL ÂGE ?
De 4 à 6 ans

POUR QUI ?
Pour les enfants qui maîtrisent une dizaine de sons

POUR QUELS OBJECTIFS ?
Exercer la fusion phonémique, c'est-à-dire la lecture d'une syllabe

Cette activité nécessite seulement du papier, un feutre et une voiture. Avant de commencer l'activité, vous pouvez écrire une lettre au milieu à gauche de votre feuille (de préférence une consonne) puis vous tracez des routes allant de la lettre à l'autre bout de la feuille. Dans l'idéal, cinq routes vont être tracées pour les voyelles les plus courantes, à savoir A, I, O, U, É. Votre choix peut être différent en fonction des lettres qui ont été vues à l'école par votre enfant.

L'idée est toute simple : **vous allez demander à votre enfant de choisir sa voiture préférée**. Ensuite, vous allez la poser juste sous la lettre écrite à gauche en donnant le son [rrrrrrrr].

Puis avec la voiture, vous allez rouler jusqu'à la voyelle tout en haut à droite en continuant de dire le son de la consonne [rrrrrr]. Au moment où vous allez atteindre la voyelle, vous allez prononcer la voyelle [aaaaaa] puis dire « [rrrrrr][aaaaa], [raaa] ». Ainsi, en s'entraînant, votre enfant va pouvoir se lancer et lire ses premières syllabes.

Variante

Une idée d'alternative à la route des syllabes et qui fonctionne très bien avec les enfants, ce sont les accidents de voiture. Ça peut paraître étonnant. Mais il vous suffit de coller des gommettes sur les voitures pour leur donner un son. Sur le même principe que la route, on va simplement dire le son de la lettre et au moment où la première voiture touche la deuxième, dire le son de l'autre. Cela peut aussi être fait avec les wagons d'un train.

Le petit +

Pour votre enfant, il va être plus facile d'arriver à lire des syllabes avec un ordre consonne + voyelle (*CV) comme dans RA plutôt que l'ordre inverse voyelle + consonne (*VC) comme dans la syllabe AR. Et c'est totalement normal. Dès qu'il va être à l'aise avec la lecture de syllabe de type CV, vous allez pouvoir lui en proposer dans l'autre sens. En procédant ainsi, vous limitez les risques qu'il soit en difficulté.

27

LE PETIT LIVRE DES SYLLABES

À QUEL ÂGE ?
De 4 à 6 ans

POUR QUI ?
Pour les enfants qui maîtrisent une dizaine de sons

POUR QUELS OBJECTIFS ?
Exercer la lecture de syllabes avec un support visuel

Pour réaliser cette activité, il vous faut simplement un petit cahier de format A6 ainsi que des feutres de préférence bleu et rouge (bleu pour les consonnes et rouge pour les voyelles). Vous allez disposer le cahier de façon horizontale et découper les pages en deux. Sur la partie gauche, vous allez écrire des consonnes et sur la partie droite des voyelles. Cela va créer un livre à feuilleter avec de nombreuses syllabes à lire.

Ce format plaît énormément aux enfants qui commencent à comprendre le principe de fusion phonémique. Cela leur **permet de lire beaucoup de syllabes en fonction de leur envie et sans avoir besoin de l'intervention de l'adulte**.

S'il vous reste des pages et si vous avez abordé les digrammes (CH, OU, ON…) avec votre enfant, vous pouvez les ajouter à la fin du carnet pour multiplier les syllabes à lire. Cette activité va lui permettre de fluidifier la lecture de syllabes et d'être de plus en plus à l'aise par la suite pour lire des mots.

Variante

Pour plus de liberté durant l'activité, vous allez pouvoir simplement proposer des cartes consonnes et voyelles à votre enfant. Vous choisissez une lettre de chaque catégorie, disposez les deux lettres l'une à côté de l'autre et votre enfant va la lire. À son tour, il va également choisir deux lettres et vous allez lire la syllabe. Les enfants adorent défier les adultes.

Le petit +

Les digrammes sont des sons composés de deux lettres. Ils sont indispensables à la langue française puisqu'ils permettent d'écrire un grand nombre de mots. Dans l'apprentissage de la lecture, ils sont souvent introduits une fois tous les sons des lettres maîtrisés. Mais il est tout à fait possible d'introduire notamment le CH très rapidement une fois qu'une dizaine de lettres est maîtrisée par votre enfant. Les digrammes ont un côté rigolo pour les enfants car ce sont des lettres attachées ensemble qui font un autre son. Dans tous les cas, pas de règle absolue, faites en fonction de votre enfant.

28

LE TOBOGGAN

À QUEL ÂGE ?
De 4 à 6 ans

POUR QUI ?
Pour les enfants qui maîtrisent une dizaine de sons

POUR QUELS OBJECTIFS ?
Amener à la lecture de syllabes grâce au mouvement du toboggan

Cette activité nécessite simplement une feuille, un feutre et des lettres mobiles. Au préalable, vous allez simplement dessiner un toboggan sur la feuille. Il est important de faire attention au sens de votre toboggan. En effet, il faut qu'il respecte le sens de la lecture afin de pouvoir lire les syllabes. Le haut du toboggan va donc se trouver à gauche de votre feuille et le bas à droite. Vous pouvez bien sûr ajouter l'échelle pour monter sur le toboggan : cela permet de faire monter la lettre sur le toboggan.

Pour démarrer l'activité, vous disposez une lettre, de préférence une voyelle en bas du toboggan. Et vous allez laisser votre enfant choisir une consonne. Il est possible pour l'aiguiller dans son choix de lui disposer, au préalable, uniquement des consonnes qu'il maîtrise parfaitement. Vous allez lui dire « viens on monte le [rrrrrrrr] en haut du toboggan ». Une fois en haut, votre enfant va faire glisser la lettre du haut vers le bas pour former la syllabe. Durant toute la glissade, il va être conseillé de faire durer le son jusqu'à la rencontre de la lettre en bas : « [rrrrrrrrrrrrrrrrrrrrrrr][ooo], RO. » Ainsi, petit à petit, **votre enfant va comprendre le mécanisme de fusion phonémique et va pouvoir lire de plus en plus de syllabes**.

Variante

Sur le même principe que le toboggan, vous pouvez proposer à votre enfant la rencontre des animaux. Certains animaux ont une voyelle, d'autres une consonne collée sur leur corps à l'aide d'une gommette. Et quand deux animaux se rencontrent, ils forment une syllabe. Vous pouvez dire à votre enfant : quand ils se rencontrent, ils forment une famille. Ainsi, cela rend concret la rencontre des animaux qui permet la lecture d'une syllabe.

Bon à savoir

Comprendre que deux lettres ensemble forment une syllabe et parvenir à les lire est une grande étape pour votre enfant. Cette activité facilite la transition vers la lecture de syllabes. En effet, elle offre la possibilité de ne changer qu'une seule lettre à la fois. Cela évite à votre enfant de repartir à zéro dans la lecture : il va pouvoir lire plusieurs syllabes en changeant uniquement un son (so, sa, si, su, sé…). Ainsi, il va prendre plus facilement confiance en ses capacités et va naturellement avoir envie d'aller plus loin.

Focus

Mon enfant connaît le son des lettres mais n'arrive pas à les fusionner pour lire des syllabes, que dois-je faire ?

L'apprentissage du son des lettres demande de nombreux efforts à votre enfant. En effet, il faut qu'il parvienne à le retenir de façon durable. Si vous proposez des activités de fusion phonémique à votre enfant, alors que le son d'au moins dix lettres n'est pas acquis, cela ne va pas fonctionner. Parfois dans l'enthousiasme, vous pouvez être tenté de « brûler » les étapes. Mais vraiment, poser des bases solides dans l'apprentissage de la lecture est essentiel. Il y a peu de chance d'aller trop lentement : votre enfant va vous montrer le chemin et accélérer la route si besoin.

De nombreux enfants vont mettre du temps à fusionner deux sons ensemble et c'est un processus tout à fait normal durant l'apprentissage de la lecture. Cela peut prendre un temps plus ou moins long en fonction de chaque enfant.

Mais vous pouvez agir afin de faciliter cette transition difficile pour votre enfant. Vous allez pouvoir lui proposer de faire de la composition de mots (cf. activité 22). Cette activité est possible dès que l'enfant maîtrise une quinzaine de sons pour pouvoir écrire des mots simples. Quand votre enfant va parvenir à composer facilement des mots, la lecture va émerger à son tour. Et surtout, continuez de lui proposer des activités de fusion phonémique (chapitre 3). Bien sûr, si vous voyez que ça ne fonctionne pas, n'insistez pas.

La clé d'un apprentissage réussi de la lecture est la répétition. Mieux vaut lui proposer une activité de deux minutes tous les jours qu'une activité de quinze minutes une fois par semaine.

29

MONTE LES SYLLABES

À QUEL ÂGE ?
De 4 à 6 ans

POUR QUI ?
Pour les enfants qui maîtrisent une dizaine de sons

POUR QUELS OBJECTIFS ?
S'entraîner à lire des syllabes en manipulant des briques de jeux

Pour cette activité, il est nécessaire d'avoir à votre disposition quelques briques de jeux qui s'empilent ainsi qu'un feutre. Sur chaque brique, vous allez inscrire une seule lettre. Le tout étant bien sûr d'avoir des consonnes et des voyelles afin de pouvoir créer des syllabes simples. Pour plus de clarté et si vous en avez en nombre suffisant, vous allez pouvoir choisir une couleur pour les voyelles et une autre pour les consonnes. Pour que les lettres soient vraiment liées, il peut être intéressant de disposer une brique de quatre en dessous avant que votre enfant ne se lance à fabriquer des syllabes (si vous avez choisi ensuite des briques de deux).

Ensuite, **l'activité consiste simplement à monter des briques ensemble**. Admettons que votre enfant choisit les briques L et A, il va les poser l'une derrière l'autre et tenter de lire la syllabe LA. S'il change le A et met la brique I, alors il va lire LI et ainsi de suite. Cette activité permet de matérialiser la syllabe pour votre enfant et de le rendre acteur du moment. C'est lui qui va choisir les lettres à empiler et donc lui qui est maître des syllabes qu'il va devoir lire.

Si, parfois, certaines syllabes le mettent en difficulté, vous pouvez lui dire le son sur lequel il hésite. Cela va lui permettre de continuer l'activité et de ne pas s'arrêter car il s'est retrouvé en difficulté.

Variante

Pour une version différente mais tout aussi rigolote, il vous faut des cubes gigognes (ceux qui s'empilent les uns sur les autres, du plus grand au plus petit). Sous chaque cube, vous allez cacher une syllabe à lire. Ainsi, chaque fois qu'il va soulever un cube, il va lire une syllabe. Un moyen ludique de faire lire plusieurs syllabes à votre enfant. Et s'il le souhaite, il peut ensuite vous écrire des syllabes voire des lettres sur des papiers qu'il va cacher à son tour sous les cubes. Ainsi, vous allez soulever les cubes et les lire à votre tour.

Le petit +

Pour avoir une progression adaptée lors de cette activité, vous allez d'abord proposer à votre enfant la lecture de syllabes simples, c'est-à-dire les syllabes de type consonne-voyelle comme SA, LA, RI... Puis, quand il va être à l'aise, vous pouvez lui proposer de disposer des syllabes dans l'ordre inverse, c'est-à-dire voyelle-consonne comme AS, OS, AR... L'étape ultime est la lecture de syllabes complexes avec trois lettres de type consonne-voyelle-consonne comme PAR, MUR... ou encore consonne-consonne-voyelle comme PRI, TRO... En respectant cet ordre dans les activités proposées, vous allez permettre à votre enfant d'être de plus en plus à l'aise avec la lecture.

30

MARELLE DES SYLLABES

À QUEL ÂGE ?
De 4 à 6 ans

POUR QUI ?
Pour les enfants qui maîtrisent une dizaine de sons

POUR QUELS OBJECTIFS ?
S'entraîner à lire des syllabes en mobilisant son corps

Pour réaliser cette activité, il vous faut simplement des craies afin de tracer une marelle sur le sol. Une fois la marelle tracée, vous allez écrire des syllabes au lieu des chiffres que l'on met habituellement. Ainsi, votre enfant va lire neuf syllabes sans même s'en rendre compte.

Les syllabes écrites doivent contenir des sons que votre enfant maîtrise afin qu'il puisse parvenir à les lire. Vous pouvez éventuellement glisser un son un peu plus difficile pour lui : le jeu va lui permettre de le revoir et de l'intégrer de façon ludique.

À la manière d'une marelle classique, vous allez pouvoir jouer avec votre enfant. Vous allez lui donner un caillou à lancer sur la première case. Il va devoir sauter directement sur la deuxième en la lisant, aller jusqu'au bout et lire chaque case présente sur son passage. S'il y arrive, au tour suivant, il va lancer le caillou sur la case numéro 2 et ainsi de suite… Vous pouvez le faire à deux : dans ce cas précis, vous allez donc jouer à tour de rôle. Bien entendu, si certaines syllabes sont trop difficiles alors n'insistez pas, laissez-le continuer son chemin sur la marelle.

Il est également possible de varier les syllabes durant l'activité. Cela vous demande simplement d'avoir à disposition des feuilles, plastifiées de préférence, que vous allez glisser dans les cases de votre marelle.

Variante

Sur le même principe que la marelle, vous allez pouvoir proposer à votre enfant une ronde des syllabes. Cela va vous permettre d'y inclure un plus grand nombre de syllabes à lire. L'idée est donc de faire une sorte de ronde à la façon d'une coquille d'escargot avec des cases pour écrire les syllabes. Votre enfant va pouvoir simplement sauter sur toutes les cases en lisant les syllabes ou bien le faire sous forme de parcours avec un dé par exemple.

Bon à savoir

La marelle rend ludique l'activité pour votre enfant. Mais deux facultés vont entrer en jeu de manière simultanée : la motricité globale avec la marelle et la lecture avec les syllabes à lire. Cela va donc lui demander un effort de concentration important. Laissez-lui le temps nécessaire entre les différentes cases : il faut qu'il aille à son rythme. Et faites-le ensemble, le plaisir va être encore plus grand pour votre enfant. Faire à deux permet à votre enfant d'être en confiance et de vous entendre lire les syllabes sur lesquelles il hésite.

31

LES DÉS DES SYLLABES

À QUEL ÂGE ?
De 4 à 6 ans

POUR QUI ?
Pour les enfants qui lisent des syllabes

POUR QUELS OBJECTIFS ?
S'entraîner à lire des syllabes pour fluidifier la lecture

Cette activité nécessite seulement deux dés. Cela peut être des dés classiques : il vous suffit alors de coller des gommettes ou des étiquettes sur chaque face pour vous permettre de créer l'activité. Si vous avez des dés vierges, il va vous suffire d'écrire directement sur les faces. Il va y avoir un dé pour les voyelles et plusieurs pour les consonnes (puisqu'il y a plus de six consonnes). Vous pouvez opter éventuellement pour un code couleur : rouge pour les voyelles, bleu pour les consonnes. Grâce à cela, votre enfant a un repère visuel : **c'est une aide précieuse pour se lancer dans la lecture**.

Une fois les dés prêts, il faut lancer un dé voyelle et un dé consonne. Les deux dés forment une syllabe à lire. D'abord, proposez-les à votre enfant dans le sens consonne-voyelle car c'est le plus facile à lire. Puis, quand il est suffisamment à l'aise, proposez-lui dans l'autre sens, à savoir voyelle-consonne. Si votre enfant arrive à écrire les lettres, vous pouvez également lui proposer d'écrire la syllabe obtenue. S'il n'en est pas là, vous allez pouvoir, de façon facultative, les écrire. Le plus important est surtout qu'à tour de rôle vous lisiez des syllabes.

Le petit +

Parfois, il peut vous arriver de ne plus trouver de dés. Alors voici une petite astuce pour créer un dé à personnaliser avec un rouleau de papier toilette en quelques minutes. Pour débuter, il faut aplatir le rouleau de papier toilette puis mesurer la largeur du rectangle obtenu. Ensuite, il faut reporter la largeur sur le grand côté puis tracer un trait. Une fois que cela est fait, vous allez découper sur le trait, ce qui va vous permettre d'obtenir un carré. Il vous suffit de plier correctement la forme obtenue pour qu'elle ne soit plus arrondie mais carrée et ensuite d'en imbriquer deux ensemble. Vous pouvez ensuite écrire tout ce que vous souhaitez sur chaque face de dés.

32

LA CHASSE AUX OBJETS

À QUEL ÂGE ?
De 4 à 6 ans

POUR QUI ?
Pour les enfants qui commencent à lire des syllabes

POUR QUELS OBJECTIFS ?
S'entraîner à la lecture de syllabes et à l'évocation de mots

Pour cette activité, il vous faut une feuille et les objets à disposition dans votre maison. Sur la feuille, vous allez écrire les syllabes de votre choix. C'est une activité que votre enfant peut faire en autonomie, mais vous pouvez aussi la faire en collaboration.

Votre enfant va devoir partir à la recherche d'objets commençant par la syllabe indiquée. Ainsi, s'il lit BA, il va peut-être aller chercher un ballon dans votre maison. Vous pouvez limiter à une seule pièce de la maison mais dans ce cas précis, il faut vous assurer que tous les mots se trouvent à sa disposition.

Il se peut que votre enfant trouve un mot commençant par la bonne syllabe mais qui ne représente pas un objet comme le mot folie pour la syllabe Fo. Félicitez-le d'avoir trouvé un mot et orientez-le sur la bonne piste afin qu'il arrive à trouver le mot présent dans la maison. Il est également possible que votre enfant pense à un autre mot que le vôtre et qu'il corresponde à un objet présent dans votre quotidien. Bien entendu, dans cette situation, c'est parfait. La règle est respectée : « trouver un objet qui commence par la syllabe… »

Variante

Pour éviter la chasse aux trésors et tous les déplacements de votre enfant, vous pouvez lui proposer une feuille avec des syllabes ainsi que tous les objets correspondants dans une boîte. Votre enfant va associer la syllabe avec le bon objet. Ainsi, il va pouvoir se concentrer uniquement sur la lecture des syllabes et l'association de l'objet, pas sur la recherche d'objets.

Le petit +

Pour vous inspirer et vous aider dans la recherche des syllabes, en voici quelques-unes accessibles aux lecteurs débutants et pour lesquelles vous devez avoir l'objet correspondant dans votre maison : Ta pour tasse, Té pour tétine, Li pour livre, Mo pour moto, Ba pour balle, Ju comme jupe, Cu comme culotte, Bo comme botte, Lu comme lunettes, Vé comme vélo, Pi pour pile, Ca comme casserole, Pa comme pâte, Co comme cochon, Va comme vache, Ga comme gâteau… Tout est possible, regardez autour de vous, dans les jouets de votre enfant et à coup sûr, vous allez y trouver l'inspiration.

Focus

Mon enfant bouge tout le temps pendant les activités, est-ce normal ?

Bien entendu ! Votre enfant est encore petit. Un enfant qui bouge et a du mal à tenir en place est bel et bien un enfant qui va bien. L'être humain est un être de mouvement. Et c'est encore plus vrai pour les enfants. À savoir que le besoin de bouger est variable en fonction des enfants. Ne les comparez pas, ils sont tous uniques.

Un enfant peut apprendre assis sur une chaise. Mais ce n'est pas le seul endroit pour apprendre. Bien au contraire. Chaque enfant a des besoins propres pour apprendre et optimiser sa concentration : certains vont apprendre la tête à l'envers, d'autres allongés sur le canapé et d'autres encore assis sur une chaise. Offrir à votre enfant la possibilité de bouger et de trouver ce qui facilite son apprentissage durant les activités est une vraie chance pour lui. Vous allez, bien souvent, vous rendre compte que petit à petit, quand les activités l'intéressent, il va continuer l'activité en bougeant et peut-être même en changeant parfois de position. Il n'y a pas lieu de s'inquiéter, c'est vraiment normal.

Il est également important de garder en tête qu'à la maison, il n'y a nullement besoin que ce soit comme à l'école. Ce sont deux lieux différents avec des règles qui le sont aussi. Faciliter les temps d'activités, d'apprentissages avec votre enfant à la maison, c'est aussi vous rendre service. Donnez-moi une seule raison de vous compliquer la vie quand cela peut être plus facile ? Bien sûr, il n'y en a aucune. Le quotidien en tant que parents est déjà assez difficile comme cela. Nul besoin de vous ajouter des difficultés.

Et si cela entrave les apprentissages ou si vous sentez votre enfant en difficulté à l'école, vous pouvez aussi agir pour adapter son environnement. Il est possible de lui proposer un coussin à picots, des fidgets à manipuler ou encore un élastique sur les pieds de sa chaise. Il existe vraiment plein d'adaptations possibles et surtout, à l'école, c'est possible aussi. N'hésitez pas à vous mettre en lien avec l'enseignant de votre enfant et si besoin, à consulter un professionnel de santé pour vous aider à l'accompagner au mieux. Il est toujours possible d'aider votre enfant, peu importe ce que l'on a pu vous dire.

33

LA COURSE DE VOITURE

À QUEL ÂGE ?
De 4 à 6 ans

POUR QUI ?
Pour les enfants qui maîtrisent une dizaine de sons

POUR QUELS OBJECTIFS ?
S'entraîner à lire des syllabes en mouvement

Pour proposer cette activité à votre enfant, il vous faut deux voitures à disposition, des étiquettes syllabes, plastifiées de préférence si vous voulez les réutiliser par la suite, et un dé. Sur les étiquettes, variez les consonnes et les voyelles pour multiplier les syllabes à lire.

Avant de démarrer l'activité, **vous allez disposer les syllabes au sol ou sur une table de sorte à faire un parcours de syllabes**. Votre enfant va lancer le dé et avancer avec sa voiture du nombre de cases indiquées. Une fois arrivé sur l'étiquette avec sa voiture, il va simplement lire la syllabe. C'est ensuite à votre tour. Le premier qui arrive au bout du parcours a gagné.

C'est un jeu tout simple au premier abord mais l'ajout d'un accessoire (ici les voitures) apporte un côté ludique qui plaît toujours aux enfants. Il est possible d'ajouter plutôt des licornes, des animaux, des princesses : tout est possible en fonction des intérêts de votre enfant.

Variante

De la même façon, vous allez pouvoir proposer à votre enfant un jeu de l'oie des syllabes. Il vous suffit de dessiner un parcours sur une feuille, de le découper en cases et d'y écrire des syllabes. Ajoutez également quelques cases pièges (+2, -3, rejoue...) : les enfants les adorent. À tour de rôle, vous lancez le dé. Le premier arrivé a gagné. Bien sûr, chaque fois que vous tombez sur une case, vous allez lire la syllabe.

Le petit +

Ce qui paraît être un détail pour vous, à savoir ici le parcours au sol et l'utilisation d'une voiture, peut en réalité changer tout le regard de votre enfant. Et donc forcément cela influe également sur son implication dans l'activité. Au premier abord, il est facile de se dire qu'en adaptant l'activité ainsi, on ne va pas aider l'enfant à se concentrer, qu'il va papillonner plus vite. Mais c'est parce qu'à cet instant, les choses sont envisagées avec notre regard d'adulte. Rendre ludique une activité, permettre à votre enfant d'être en mouvement si nécessaire ne va jamais être un frein à la réalisation d'une activité. Bien au contraire, c'est un vrai plus pour maximiser sa concentration.

34

LE MISTIGRI DES SYLLABES

À QUEL ÂGE ?
De 4 à 6 ans

POUR QUI ?
Pour les enfants qui lisent des syllabes

POUR QUELS OBJECTIFS ?
S'entraîner à lire des syllabes pour fluidifier la lecture

Cette activité nécessite uniquement des feuilles et des feutres. Pour préparer cette activité, vous allez découper votre feuille en plusieurs cartes. Dans l'idéal, il vous faut au moins quinze paires de cartes soit trente bouts de feuille et une carte en plus : le mistigri, que vous pouvez dessiner en forme de monstre ou toute autre forme facilement identifiable. Pour chaque paire, vous allez écrire la syllabe de votre choix deux fois.

Une fois toutes les cartes réalisées, vous allez distribuer toutes les cartes du jeu de façon égale entre vous et votre enfant. Comme dans un jeu de mistigri classique, vous allez en premier lieu vous débarrasser de vos paires de syllabes. Puis à tour de rôle, vous allez piocher une carte dans le jeu de l'autre.

Chaque fois, vous allez vous débarrasser des paires de syllabes. Celui qui gagne est celui qui n'a plus de cartes à la fin. L'autre va avoir dans ses mains le mistigri.

C'est vraiment un jeu tout simple, déclinable à l'infini en fonction de votre enfant : avec des lettres, des mots, des chiffres, bref tout est possible. Les parties sont courtes, ce qui en fait clairement un allié dans votre quotidien de parent. Et surtout c'est toujours un succès auprès des enfants.

Variante

Vous pouvez en utilisant les cartes créées proposer à votre enfant un jeu de paires. Vous allez distribuer quatre-cinq cartes à chacun. L'objectif va être d'avoir le plus grand nombre de paires. À chaque tour, vous allez demander à l'autre la syllabe de votre choix (« je veux BA »). Si l'autre l'a, il vous la donne et sinon vous allez piocher une carte. À la fin du jeu, celui qui gagne est celui qui a le plus grand nombre de paires.

Le petit +

Votre enfant peut, à certains moments, avoir envie de faire encore et encore le même jeu. C'est normal et plutôt sain comme fonctionnement même si en tant que parent, vous aimez le changement pour ne pas avoir l'impression de faire toujours la même chose. C'est un peu comme l'histoire du soir, c'est rassurant pour votre enfant. Et en plus, cela va vraiment améliorer ses compétences dans le domaine. À savoir ici la lecture de syllabes. Donc foncez, faites-lui confiance et n'hésitez pas tout de même à lui proposer des alternatives à partir des mêmes cartes. Sur un malentendu, il est possible que cela fonctionne.

35

LIS LES SYLLABES ET COMPTE TES POINTS

À QUEL ÂGE ?
De 4 à 6 ans

POUR QUI ?
Pour les enfants qui lisent des syllabes

POUR QUELS OBJECTIFS ?
S'entraîner à lire des syllabes

Pour cette activité, vous avez besoin de petits bouts de papier et d'un stylo. Vous allez avoir besoin de seulement quelques minutes de préparation avant de la proposer à votre enfant. Sur chaque bout de papier, vous allez écrire la syllabe de votre choix. Vous pouvez facilement en écrire entre huit et dix. Sur le dos de chaque papier, vous allez mettre des points (+1, +3, -1...).

Une fois toutes les cartes prêtes, vous allez les disposer sur la table du côté des syllabes. **À tour de rôle, vous allez lire une syllabe puis retourner la carte pour découvrir le nombre de points marqués.** À la fin de l'activité, il faut simplement compter les points pour savoir qui a gagné la partie.

Ce recours aux points ou à toute autre chose de ludique est parfois nécessaire pour la motivation d'un enfant. Le fait de vouloir trouver les bonnes cartes va, ici, lui impulser l'énergie suffisante pour lire toutes les cartes dans le jeu et sans même vraiment s'en apercevoir. Et c'est tout ce qui compte : le plaisir avant tout !

Variante

Vous pouvez aussi coller une gommette sur une seule des cartes. Dans ce cas, celui qui gagne est celui qui va trouver en premier la gommette. De préférence, bien sûr, il faut que la gommette soit collée par une tierce personne. Mais si vous n'êtes que tous les deux, ce n'est pas grave, c'est possible aussi.

Le petit +

Dans les activités proposées, nous sommes dans une dynamique individuelle, c'est-à-dire que l'un va gagner et l'autre perdre. Cela peut être vraiment difficile pour certains enfants de perdre. Si c'est le cas pour votre enfant, vous pouvez lui proposer plutôt des activités de façon collaborative. Vous allez jouer ensemble, c'est-à-dire que vous allez compter le nombre de points en équipe ou encore chercher la gommette à deux. L'activité réalisée va être la même, les compétences exercées vont être les mêmes mais vous n'allez pas risquer que votre enfant se sente mal parce qu'il a perdu. Bien sûr, perdre fait partie des expériences de la vie mais si c'est délicat, mieux vaut le faire dans des moments de jeux de société plutôt qu'avec les apprentissages.

Partie 4

LIRE ET ÉCRIRE DES MOTS

36

COLLE-MOI

À QUEL ÂGE ?
De 4 à 6 ans

POUR QUI ?
Pour les enfants qui lisent des mots

POUR QUELS OBJECTIFS ?
Pour lire des mots et les associer à la compréhension

Pour réaliser cette activité, il vous faut des Post-it et de quoi écrire. Si vous n'avez pas de Post-it, vous pouvez utiliser une feuille volante. Vous allez écrire un mot présent dans le quotidien de votre enfant. L'objectif est simplement pour votre enfant de lire le mot et d'aller le coller sur l'objet indiqué.

C'est une activité simple, rapide à mettre en place et ludique. **Elle plaît à coup sûr aux enfants qui sont fiers de lire des mots et de réussir à les associer au bon objet de la maison.** Grâce aux mouvements pour aller jusqu'à l'objet correspondant au mot, on évite le côté figé de la lecture qui dérange parfois les enfants et les déconcentre.

Continuez l'activité tant que votre enfant est en demande. En le suivant, vous êtes sûr d'aller au bon rythme.

Variante

Il est possible de proposer à votre enfant une course aux mots. Dans ce cas précis, vous allez écrire un mot ou une liste de mots et votre enfant va chercher l'objet, le plus vite possible, avec un panier au sein de la maison. Attention toutefois à la sensibilité de votre enfant, si le *timer*, le fait d'aller le plus vite possible, le stresse, ne lui proposez pas cette variante. Cela risque de le mettre dans un état non propice au plaisir de l'activité.

Le petit +

Le plus difficile quand vous proposez ce type d'activité est d'arriver à trouver des mots que votre enfant peut déjà lire. Alors, voici quelques suggestions pour les lecteurs débutants : bol, table, pile, canapé, lit, dé, sac, porte, fil, jupe, tasse, robe, pull, mur, ou encore lavabo. Nul besoin de mettre le déterminant devant le nom choisi dans un premier temps, cela ajoute une difficulté supplémentaire à votre enfant.

37

OH, UN SECRET !

À QUEL ÂGE ?
De 4 à 6 ans

POUR QUI ?
Pour les enfants qui lisent des mots

POUR QUELS OBJECTIFS ?
Pour lire des mots et exercer la fluidité de lecture

Cette activité nécessite d'avoir une boîte avec une fente, plus ou moins grande, des feuilles, ainsi que de quoi écrire. Toutes les étapes vont pouvoir être faites avec votre enfant. Il est même essentiel qu'il personnalise sa boîte à mots afin de mieux se l'approprier. L'activité peut se faire en plusieurs temps : la décoration de la boîte que vous avez trouvée puis l'introduction de mots à l'intérieur.

Pour décorer la boîte, faites confiance à votre enfant. Il va naturellement avoir des idées : la colorier, lui mettre des gommettes. Tout est possible, le plus important n'est pas l'esthétique mais qu'il soit content de sa décoration.

Une fois la boîte décorée, l'objectif va être de glisser des mots à l'intérieur afin de lui proposer de les lire. Pour démarrer, vous pouvez choisir cinq mots que vous allez écrire sur des petits bouts de papier. Avant de les glisser dans la boîte, votre enfant va les lire. Cela va offrir une première situation de lecture de mots. Par la suite, vous allez pouvoir glisser des mots chaque fois que la situation va se présenter. Ce peut être des mots qu'il a lu lors d'une activité, des mots qu'il a dû lire à l'école s'il est scolarisé ou encore des mots qu'il a très envie de lire. L'idée, c'est de remplir la boîte au fur et à mesure de plein de mots. Et chaque jour, vous ou votre enfant allez venir piocher deux ou trois mots à lire. C'est une activité récurrente, très courte, qui permet de relire les mêmes mots, ce qui facilite par la suite leur lecture. Ce côté mystérieux des mots à lire plaît toujours aux enfants. Et s'il pioche un mot un peu difficile pour lui, aidez-le, cela ne doit pas devenir une contrainte.

Le petit +

Pour retenir les mots de façon durable et les lire de plus en plus facilement, votre enfant a besoin de les voir et de les lire de nombreuses fois. Ainsi, petit à petit, ils ne vont plus être simplement déchiffrés à chaque fois mais ils vont être reconnus directement par votre enfant. C'est une faculté essentielle pour que la lecture se fluidifie. C'est cette voie de reconnaissance directe qui nous permet de lire les mots rapidement tout en comprenant ce dont il s'agit.

38

ASSOCIE-NOUS

À QUEL ÂGE ?
De 4 à 6 ans

POUR QUI ?
Pour les enfants qui lisent des mots

POUR QUELS OBJECTIFS ?
S'entraîner à lire des mots en les associant à un objet

Pour cette activité, il vous faut du papier, un stylo mais aussi des objets et/ou des photos. Choisissez cinq à dix mots que vous allez écrire sur de petites étiquettes. Vous allez également chercher les images ou les objets correspondant aux mots que vous avez choisis.

Une fois que tout est prêt, vous allez simplement disposer les étiquettes et les objets devant votre enfant. **L'objectif est qu'il associe correctement ensemble le mot et l'objet.** C'est une activité relativement simple à proposer à votre enfant qui met la compréhension au centre. Elle vous demande uniquement un temps de préparation en amont pour bien choisir les mots et avoir les objets correspondants.

Si votre enfant est à l'aise avec la lecture, regardez autour de vous, dans votre environnement, et vous allez trouver facilement quels mots lui proposer. N'hésitez pas non plus à lui proposer des ateliers thématiques (fleurs, champignons, véhicules...) : cela permet d'enrichir le vocabulaire de votre enfant en même temps.

Le petit +

Gardez en tête que si votre enfant se trompe sur une association, il est important de ne pas réagir tout de suite. En ne réagissant pas, vous lui offrez la possibilité de s'autocorriger une fois toutes les étiquettes lues. Comme il y a autant d'étiquettes que d'objets, cela va permettre à votre enfant de réajuster si besoin au fur et à mesure les associations faites durant l'activité.

Focus

Mon fils commence à lire mais ne comprend pas les mots qu'il lit

Tout d'abord, il faut avoir en tête que ce n'est pas une étape obligatoire mais que cela arrive très souvent. Votre enfant n'est pas le seul à traverser cette phase.

Essayez de ne pas lui proposer des mots trop longs en lecture. Parfois, dans les apprentissages, il est nécessaire de revenir à plus simple si besoin. Cela va permettre à votre enfant d'associer lecture et sens. Mieux vaut lire des mots un peu moins longs et comprendre ce qu'on vient de lire plutôt que de lire des mots de plus en plus longs, voire des phrases, sans rien comprendre.

Quand un enfant ne comprend pas ce qu'il lit (en dehors d'éventuels troubles de la compréhension), cela signifie que l'effort engendré par la lecture est trop important, trop coûteux pour que votre enfant puisse se concentrer à la fois sur le sens de ce qu'il lit et la lecture du mot.

Cela arrive souvent au démarrage, quand l'enfant commence à lire des mots. Mais la difficulté ne doit pas perdurer dans le temps. Un enfant qui ne comprend pas ce qu'il lit va se retrouver très vite en échec. C'est un vrai frein dans tous les apprentissages.

Alors concrètement, comment pouvez-vous faire pour l'aider ? Il est nécessaire de toujours vérifier en premier lieu si votre enfant a compris le mot qu'il vient de lire. Un manque de vocabulaire peut limiter la compréhension de ce qui est lu. Donc, c'est vraiment un point à vérifier absolument en cas de difficulté.

Si votre enfant lit « LU-NE », vous pouvez lui demander juste après s'il a compris ce qu'il vient de lire : « Alors, quel est ce mot ? » puis juste après : « Qu'est-ce que c'est ? » Et bien sûr, s'il ne sait pas ce qu'il a lu ou s'il ne connaît pas le mot, vous allez lui apporter la connaissance. L'objectif est toujours de valoriser l'enfant même quand lui se sent en échec.

En résumé, l'acte de lecture doit toujours être associé à la compréhension. Si votre enfant rencontre des difficultés pour comprendre ce qu'il lit, n'hésitez pas à en parler à votre médecin traitant et à vous rapprocher, si vous en ressentez le besoin, d'un orthophoniste pour faire le point.

39

CHERCHE ET TROUVE DES MOTS

À QUEL ÂGE ?
De 4 à 6 ans

POUR QUI ?
Pour les enfants qui lisent des mots

POUR QUELS OBJECTIFS ?
S'entraîner à lire des mots en exerçant les capacités d'attention visuelle

Cette activité nécessite très peu de matériel : uniquement du papier et des stylos. Avant de démarrer l'activité, il va falloir créer un plateau de taille A3, c'est-à-dire deux feuilles de papier que vous allez scotcher pour le présenter à votre enfant. Sur le plateau, il faut écrire des mots accessibles en lecture à votre enfant. Si vous êtes à l'aise avec l'outil informatique, vous pouvez en créer directement sur l'ordinateur sinon l'activité fonctionne tout aussi bien si vous écrivez les mots à la main.

Dans l'idéal, vous allez écrire tous les mots dans le même sens et pas dans tous les sens : cela va **faciliter la recherche du mot et maximiser la concentration de votre enfant**. Une fois le plateau réalisé, il faut créer les cartes correspondantes pour pouvoir jouer. Sur chaque carte se trouve un mot du plateau.

Une fois que tout est prêt, vous allez disposer le plateau et les cartes, face cachée, sur la table. Chacun votre tour, vous allez piocher une carte, lire le mot et tenter de le retrouver sur le plateau. Cette activité exerce également les facultés d'attention et de discrimination visuelle. En effet, pour trouver le mot sur le plateau, votre enfant va devoir l'explorer de gauche à droite, de haut en bas, mais aussi être attentif à la forme des lettres. Pour une première présentation, si votre enfant commence la lecture, il n'est pas conseillé de lui proposer des mots avec des sons difficiles. Mieux vaut y aller pas à pas. Si votre enfant est plus avancé dans la lecture, vous pouvez bien sûr varier les sons proposés mais aussi éventuellement le sens des mots. Tout est possible : le plus important est de rester à l'écoute de ses réactions et éventuellement des difficultés qu'il peut rencontrer.

Variante

Il est possible de le proposer à votre enfant sous une forme différente en utilisant des images. Ainsi, votre enfant va piocher une image et vous allez devoir trouver ensemble le mot qui lui correspond sur le plateau. Cela vous demande un temps avant l'activité pour trouver les images correspondant aux mots choisis. Mais c'est une jolie façon de varier les plaisirs avec un même support.

Le petit +

Pour vous inspirer et trouver des mots adaptés à votre enfant, s'il est scolarisé, vous pouvez regarder dans son manuel de lecture et ses dictées. Cela va vous permettre de savoir où il en est et de lui proposer des mots qu'il va pouvoir lire. Si vous n'avez pas de supports à votre disposition, vous pouvez avoir en tête la progression suivante, du plus simple au plus difficile : les mots réguliers simples de type consonne-voyelle-consonne-voyelle comme moto, les mots simples avec la présence de digrammes (OU-ON-CH-AN...) comme lapin, les mots avec des structures plus complexes de type consonne-consonne-voyelle comme tri, puis des mots de plus en plus compliqués avec notamment les différentes graphies d'un même son comme la graphie -EAU de château ou encore le PH de photo.

40

DES MOTS EN GOMMETTES

À QUEL ÂGE ?
De 4 à 6 ans

POUR QUI ?
Pour les enfants qui lisent des mots

POUR QUELS OBJECTIFS ?
Pour écrire des mots sans utiliser de stylo

Pour cette activité, vous avez simplement besoin de gommettes de couleur. De préférence, pour permettre à votre enfant d'être concentré au maximum, optez pour des gommettes de la même couleur. Si ce n'est pas possible, prenez ce que vous avez. Gardez en tête que les couleurs différentes peuvent distraire votre enfant.

Sur chaque gommette, vous allez devoir écrire la lettre de votre choix. Si vous utilisez un code couleur au quotidien, utilisez-le encore pour cette activité. Il est bien d'avoir réfléchi auparavant aux mots que vous allez proposer à votre enfant. En y réfléchissant en amont, cela vous permet d'avoir toutes les lettres nécessaires à la composition des mots choisis.

L'objectif ensuite est de **composer des mots grâce aux gommettes**. Vous pouvez au choix lui dire le mot à composer, lui dessiner le mot ou encore avoir choisi en amont des objets ou illustrations correspondant aux mots. Tout est possible en fonction de vos envies et des besoins de votre enfant.

Si nécessaire, vous pouvez découper le mot en sons pour aider votre enfant. Par exemple, si le mot choisi est « MUR », vous allez lui dire « dans MUR, au début, j'entends [m]. Puis [u] et [r] ». Il est essentiel de laisser des temps de pause pour qu'il puisse prendre la gommette et la coller pour composer le mot. Et bien sûr, s'il est en mesure de le faire en autonomie, laissez-le faire. Plus il va y arriver seul et plus il va être à l'aise et se diriger vers la lecture de mots.

Variante

Vous pouvez aussi proposer cette activité avec une syllabe sur chaque gommette au lieu d'une lettre. Par exemple, pour le mot « Banane », il va y avoir 3 gommettes « Ba », « na » et « ne ». Cela va permettre à votre enfant d'écrire des mots plus longs grâce aux gommettes.

Le petit +

Il est important de ne pas allier écriture avec un stylo et composition de mots de façon simultanée pour que votre enfant puisse se concentrer sur une seule compétence à la fois. En faisant ce choix, vous allez faire en sorte que son apprentissage soit plus simple et plus fluide. C'est souvent oublié mais écrire un mot demande à votre enfant un effort important pour se concentrer sur la forme de chacune des lettres, sur comment les lier entre elles. Il est donc essentiel de ne pas lui proposer les deux tâches ensemble.

41

RELIE LE MOT À SON DESSIN

À QUEL ÂGE ?
De 4 à 6 ans

POUR QUI ?
Pour les enfants qui lisent des mots

POUR QUELS OBJECTIFS ?
Allier lecture et compréhension de ce qui est lu

Encore une activité qui ne vous demande qu'un brin d'imagination, du papier et un feutre. Pour la réaliser, vous devez choisir des mots adaptés à votre lecteur en herbe (pas plus d'une dizaine pour débuter). Sur le côté gauche de la feuille, vous allez écrire en colonne les mots choisis. À droite vont se trouver les dessins correspondant aux mots. Si vous êtes doué, laissez parler votre talent de dessinateur. Sinon vous pouvez utiliser des gommettes ou encore trouver les images sur l'ordinateur. Faites vraiment ce qui vous semble le plus simple.

Ensuite, **votre enfant va devoir relier le mot à la bonne image**. C'est une activité essentielle pour exercer la compréhension de ce qui est lu. Avec cette activité, votre enfant ne peut pas deviner les mots, il doit les lire sinon il risque de se tromper. Pour lui faciliter la lecture, vous pouvez bien sûr indiquer si besoin les lettres muettes en gris et les digrammes (sons composés de deux lettres) en vert. Cela aide vraiment les enfants au démarrage de la lecture. L'activité se termine quand votre enfant a relié tous les mots à la bonne image. Et s'il se trompe, rien de grave, prenez le temps de relire les mots avec lui. Pas à pas, avec de l'entraînement, les erreurs vont disparaître.

Le petit +

Aider votre enfant dans sa lecture n'est absolument pas un frein dans son apprentissage. Bien au contraire, cela lui permet d'être plus à l'aise, de savoir exactement comment lire. Ce code couleur est provisoire. Il est là pour offrir un coup de pouce au démarrage à votre enfant. Petit à petit, vous allez pouvoir atténuer le code couleur durant les activités grâce à la prise de confiance de votre enfant. C'est un vrai tremplin pour lui permettre d'être à l'aise et de ne pas avoir en tête des questions de type « doit-on lire cette lettre à la fin du mot ? » comme dans le mot PIE, ou encore « ces deux lettres se lisent-elles ensemble ou séparément ? » comme dans le mot CHUT. Alors, si vous aviez le moindre doute sur l'utilisation d'un code couleur, vous savez maintenant que c'est un excellent choix pour votre enfant.

42

LIS ET DESSINE

À QUEL ÂGE ?
De 4 à 6 ans

POUR QUI ?
Pour les enfants qui lisent des mots

POUR QUELS OBJECTIFS ?
S'entraîner à lire et à écrire des mots

Pour cette activité, il vous faut une feuille, de quoi écrire et dessiner. Sur la feuille, vous allez simplement écrire des mots que votre enfant est en mesure de lire et qui sont faciles à dessiner. Écrivez-les plutôt sous forme de liste pour qu'il ait la place de dessiner juste à côté de chaque mot.

Comme toujours, veillez à proposer peu de mots pour débuter (trois-quatre) et ne pas décourager votre enfant. Déposez la feuille devant lui en lui disant : « Et si on dessinait les mots qui sont écrits ? » Souvent, la curiosité de votre enfant va lui permettre de trouver l'énergie nécessaire pour lire les mots et les illustrer. Et s'il ne veut pas dessiner le mot qu'il vient de lire parce que c'est difficile pour lui, vous pouvez aussi le dessiner pour lui ou avec lui. Il faut simplement vous assurer que le mot qu'il vient de lire a été bien compris pour lier lecture et compréhension.

Cette activité met le focus sur le plaisir, l'envie de lire avec l'objectif précis de comprendre le message que l'autre a écrit pour nous.

Variante

Il est bien sûr possible d'échanger les rôles. Vous allez proposer à votre enfant de vous écrire un mot que vous allez ensuite devoir dessiner. Vous pouvez également choisir de fonctionner à tour de rôle.

Le petit +

La lecture « devinette » est une étape par laquelle passent de nombreux enfants. Cela arrive quand votre enfant est de plus en plus à l'aise dans sa lecture. Il lit de façon plus fluide et il va vouloir aller plus vite en empruntant la « voie globale », c'est-à-dire celle de la reconnaissance directe des mots. Ce type d'activités va lui permettre de prendre conscience que cela ne fonctionne pas et qu'il est essentiel de prendre le temps de lire les mots. Sans quoi, il est facile de se tromper. L'erreur n'est, pour autant, absolument pas grave et ne doit dans la mesure du possible jamais venir entacher la confiance en soi de votre enfant.

Focus

Mon enfant écrit les lettres en miroir, est-ce normal ?

L'écriture miroir, également appelée écriture spéculaire, est une étape normale dans l'apprentissage de l'écriture. Ce n'est absolument pas un signe de dyslexie.

À l'origine, le cerveau humain n'est pas fait pour apprendre à lire et à écrire. Il n'existe pas de zone du cerveau dédiée à l'apprentissage de la lecture, contrairement au développement du langage. Le cerveau va recycler la partie dédiée à la reconnaissance des visages. Un visage étant symétrique, les lettres vont être traitées de la même façon dans un premier temps. C'est pourquoi votre enfant ne va pas être en mesure de différencier les lettres b, d, p et q. Il ne fait pas exprès de dire que c'est pareil pour lui si vous lui montrez < ou > par exemple. Son cerveau n'est pas suffisamment mature pour voir la différence.

Cette phase a une durée variable en fonction des enfants. Elle est transitoire et disparaît seule en général. Patience, patience, cela va venir avec le temps.

Néanmoins, si votre enfant se sent en difficulté, vous pouvez l'aider à traverser cette phase. Vous pouvez lui montrer le sens de l'écriture. Prenez simplement une feuille et mettez en haut à gauche une flèche : cela va l'aider à visualiser dans quel sens on écrit. C'est aussi le moment de proposer à votre enfant des activités de motricité fine : du découpage, du transvasement avec un respect du sens gauche-droite de l'écriture pour entraîner son cerveau.

Dans tous les cas, encouragez-le en douceur. Essayez de ne pas paniquer chaque fois que cela se produit, ce qui est loin d'être facile quand on est parents. Prenez du plaisir avec votre enfant. Pas à pas, il va avancer. Et vraiment, avant 6 ans, pas d'inquiétude.

43

MEMORY DES MOTS

À QUEL ÂGE ?
De 4 à 6 ans

POUR QUI ?
Pour les enfants qui lisent des mots

POUR QUELS OBJECTIFS ?
S'entraîner à lire des mots tout en exerçant sa mémoire

Pour réaliser cette activité, il vous faut du papier, des feutres et un ciseau. **Cette activité a pour objectif la création d'un Memory** : il est donc tout à fait possible pour vous de le préparer également sur l'ordinateur. Il va falloir créer les cartes du jeu : quinze à vingt paires est une bonne idée pour commencer soit trente à quarante cartes. Cela va vous permettre d'optimiser la création et surtout de pouvoir varier les mots à retrouver avec votre enfant.

Il est envisageable de proposer tout ce que vous voulez comme Memory : une thématique (les animaux, les champignons, les vêtements…), un Memory avec des mots simples à lire ou encore un pour découvrir et s'amuser avec des mots de la même famille. Dans ce dernier cas, choisissez de préférence un seul son pour faciliter l'ancrage et la mémorisation du son.

Plus l'activité va être ciblée, plus votre enfant va retenir et avancer dans son apprentissage.

Une fois les cartes prêtes, sur le principe d'un Memory classique, vous allez prendre pour commencer entre huit et dix paires de mots, ce qui peut déjà être un grand défi pour votre enfant. Vous allez les disposer face cachée sur la table au hasard. Une fois toutes les cartes disposées, à tour de rôle, vous allez retourner deux cartes et lire le mot sur chacune d'entre elles. Si le mot est le même sur les deux cartes, alors la personne gagne la paire et continue de jouer.

Bon à savoir

Travailler la lecture par champ sémantique est idéal pour aider l'enfant à être plus à l'aise et à gagner en confiance. En effet, il est plus facile pour votre enfant de lire plusieurs mots de la même famille (comme, par exemple, voyage, voyager, voyageur) que des mots d'origine diverse n'ayant pas de points communs. Vous pouvez même faire le choix de trouver les mots de la même famille ensemble : c'est une excellente activité.

44

LE TRANSPORT DE MOTS

À QUEL ÂGE ?
De 4 à 6 ans

POUR QUI ?
Pour les enfants qui lisent des mots

POUR QUELS OBJECTIFS ?
S'entraîner à lire des mots en mouvement

C'est une activité qui nécessite encore une fois du papier et des feutres, éventuellement des objets en fonction de vos envies. Avant de démarrer l'activité, il faut choisir cinq à dix mots en fonction du niveau de lecture de votre enfant ainsi que les images et/ou les objets correspondant aux mots choisis.

Ensuite, vous allez disposer les mots à un endroit, par exemple votre table, et les illustrations ou les objets dans un autre endroit qui va être assez éloigné du premier afin que votre enfant se déplace vraiment. **L'objectif de l'activité va être ensuite d'associer le mot lu à l'illustration correspondante.** L'activité se termine quand tous les mots sont associés à la bonne image. Et si votre enfant se trompe en cours de route, n'intervenez pas tout de suite. Laissez-le faire ses propres expériences : cela lui permet éventuellement de réajuster et de se corriger tout seul au cours de l'activité.

Variante

Sur le même principe, pour les jeunes lecteurs, il est possible d'écrire les syllabes du mot sur différents papiers plutôt que le mot entier. Par exemple, au lieu d'écrire moto, vous allez écrire les deux syllabes mo et to. Cela va permettre de continuer à fluidifier la lecture des syllabes qui est essentielle pour que votre enfant lise de plus en plus facilement. Et durant l'activité, il va devoir aller récupérer les syllabes du mot à deux endroits différents.

Le petit +

Il existe deux types de motivation : la motivation intrinsèque et la motivation extrinsèque. La première correspond au plaisir éprouvé à la réalisation d'une activité sans attente extérieure. C'est-à-dire, par exemple, faire du sport parce que cela nous fait plaisir. Une motivation extrinsèque peut être que l'on fait du sport parce que notre médecin a dit d'en faire pour notre santé. C'est pareil pour les enfants. Une motivation extrinsèque à la tâche de lecture peut être par exemple de trouver le mot secret parmi tous les mots proposés dans une activité. Pour l'activité des transports de mots, vous pouvez, par exemple, pour motiver votre enfant, coller une gommette derrière une seule illustration : ce sera le mot secret. Et il va le découvrir durant l'activité. En fait, ça ajoute un objectif extérieur en dehors de l'activité elle-même. La motivation extrinsèque ne doit pas être utilisée à tort et à travers mais plutôt avec parcimonie chez un enfant qui apprend plutôt facilement. Normalement, le plaisir d'apprendre va être suffisant. Mais certains enfants, surtout s'ils sont en difficulté, vont avoir besoin d'une motivation extérieure.

45

RÉVÈLE LE SECRET

À QUEL ÂGE ?
De 4 à 6 ans

POUR QUI ?
Pour les enfants qui lisent des mots

POUR QUELS OBJECTIFS ?
S'entraîner à lire des mots avec un procédé rigolo

Pour la réalisation de cette activité, il vous faut une feuille, un pastel blanc (ou de la cire de bougie), de l'aquarelle et un pinceau. Avant de commencer l'activité, vous allez écrire le ou les mots de votre choix directement sur la feuille avec le pastel blanc ou la cire de bougie. Les deux procédés fonctionnent aussi bien.

Pour découvrir ce que vous avez écrit, votre enfant va devoir peindre la feuille avec de l'aquarelle. Toutefois, veillez à ce que votre enfant mette l'aquarelle en petite quantité sans quoi le message va être moins lisible.

Le côté mystérieux et magique de cette activité plaît à tous les coups aux enfants. Et s'il s'en sent capable, vous pouvez proposer à votre enfant d'écrire à son tour des mots mystères sur une feuille que vous prendrez plaisir à découvrir.

Le petit +

Et si jamais cela ne fonctionne pas exactement comme vous l'aviez prévu, si le mot n'est pas très lisible, ce n'est absolument pas grave. Ne le voyez pas comme un échec de l'activité. Il vous suffit d'essayer de nouveau et cela montre aussi à votre enfant qu'il vous arrive à vous aussi de ne pas y arriver du premier coup. L'échec est le meilleur moyen de progresser si tant est qu'on est bien entouré et soutenu.

46

DÉCHIFFRE LE CODE

À QUEL ÂGE ?
De 4 à 6 ans

POUR QUI ?
Pour les enfants qui lisent et écrivent des mots

POUR QUELS OBJECTIFS ?
S'entraîner à lire et à écrire des mots

Cette activité nécessite uniquement du papier et des feutres. Pour préparer l'activité, il faut construire un code : à chaque lettre va correspondre un symbole. Il faut être attentif dans le choix des symboles. En effet, il est important qu'ils soient facilement différentiables par votre enfant. C'est-à-dire plus simplement il faut éviter de mettre des symboles dont la seule différence est le sens d'orientation comme, par exemple, < et >.

Une fois le code prêt, vous allez préparer des mots à faire deviner à votre enfant. Vous allez écrire les symboles dans l'ordre du mot choisi et fournir bien sûr le code à votre enfant. Il va pouvoir écrire les lettres au fur et à mesure qu'il va regarder le code. Une fois le mot écrit en entier, votre enfant va simplement le lire pour savoir quel était ce mot mystère. Vous pouvez créer les mots au fur et à mesure ou lui proposer d'emblée quelques mots. C'est à vous d'adapter l'activité en fonction de votre enfant.

Variante

Pour enrichir l'activité, vous allez pouvoir proposer, en plus des mots à décoder, des photos correspondant aux mots trouvés. Ainsi, l'enfant va devoir associer le mot écrit à la bonne image. Une jolie opportunité de travailler la lecture, l'écriture et la compréhension de façon conjointe.

Le petit +

Parfois même avec une envie intense de réaliser l'activité, la longueur de la tâche peut décourager votre enfant. Il est donc conseillé de ne pas lui proposer d'emblée une feuille entière de mots à décoder. Mieux vaut en ajouter au fur et à mesure en fonction de ses demandes. Si vous avez besoin d'anticiper pour être plus à l'aise durant l'activité, vous pouvez prévoir des étiquettes de mots à décoder que vous allez lui donner à sa demande. Ainsi, cela évite le stress de l'improvisation et lui permet d'en faire tant que sa motivation est là.

47

RECONSTRUIS LE PUZZLE

À QUEL ÂGE ?
De 4 à 6 ans

POUR QUI ?
Pour les enfants qui lisent des mots

POUR QUELS OBJECTIFS ?
S'entraîner à reconstituer des mots

Cette activité nécessite d'avoir des bâtons en bois de type abaisse-langue ainsi que des feutres pour écrire dessus. Si jamais vous n'avez pas de bâtonnets, il est possible de la faire avec une feuille ou du carton. Ne vous arrêtez pas au matériel, il y a toujours des alternatives.

Il vous suffit de disposer les bâtonnets à l'horizontale et ensuite d'écrire un mot directement sur deux bâtonnets. Ainsi, le mot va être découpé en deux : la partie haute et la partie basse du mot. Vous pouvez pour commencer en proposer cinq ou six à votre enfant et en ajouter à sa demande s'il le souhaite. Veillez à lui proposer des mots avec un nombre de lettres différent pour débuter. Puis vous allez pouvoir augmenter la difficulté et proposer petit à petit des mots avec le même nombre de lettres, mais aussi qui se ressemblent davantage.

Pour commencer l'activité, vous allez simplement disposer tous les bâtonnets devant votre enfant et lui expliquer qu'il faut mettre ensemble deux bâtonnets pour former un mot. Bien entendu, **une fois qu'il va former un mot, proposez-lui de le lire**. Peut-être même qu'il va le lire tout seul naturellement en ayant formé le puzzle. Cette activité est plutôt à proposer une fois que votre enfant est à l'aise avec la lecture de mots.

Le petit +

Cette activité permet d'exercer les capacités de discrimination visuelle et de reconnaissance des lettres pour former le bon mot. Votre enfant va devoir réussir à visualiser le mot en entier pour associer correctement les deux bâtons. Il va pouvoir fonctionner par essai-erreur pour trouver les mots, ce qui est un vrai avantage.

48

HIPPO MANGE LES MOTS

À QUEL ÂGE ?
De 4 à 6 ans

POUR QUI ?
Pour les enfants qui lisent des mots

POUR QUELS OBJECTIFS ?
S'entraîner à lire des mots

Pour préparer cette activité, il vous faut une boîte vide avec une fente comme, par exemple, une boîte à mouchoirs. Sur la boîte, vous allez coller une tête d'animal, de monstre ou de tout autre personnage qui peut plaire à votre enfant. L'activité s'intitule « Hippo mange les mots », mais il vous suffit de changer le prénom si vous avez une idée de personnage plus en adéquation avec les intérêts de votre enfant. La fente doit rester ouverte puisque c'est par cet endroit que le personnage va manger les mots, à savoir les étiquettes, glissés à l'intérieur.

Avant de commencer l'activité, il vous faut les étiquettes-mots que vous allez glisser à tour de rôle dans la bouche d'Hippo avec votre enfant. Comme dans chaque activité, il est essentiel que les mots choisis soient adaptés à votre enfant et à ses centres d'intérêt. Cela augmente les chances que l'activité lui plaise et donc qu'il arrive à se concentrer pour la terminer.

Une fois que tout est prêt, vous allez pouvoir disposer toutes les étiquettes-mots sur la table devant la boîte à personnages. Ainsi votre enfant va pouvoir choisir le mot qu'il souhaite lire. Cela le rend acteur du moment partagé, mais évite aussi les situations de frustration dues à un mot trop difficile à lire pour votre enfant.

Vous allez ensuite remplir, à tour de rôle, le personnage en lui donnant à manger des mots et en les lui glissant dans l'ouverture. **L'idée de nourrir le personnage est une image qui plaît souvent aux enfants et qui les fait rire.** Et bien sûr, vous allez lire autant de mots que possible avec votre enfant. L'activité peut se terminer à tout moment.

Variante

Cette activité peut aussi être proposée avec les sons, que ce soit les sons simples comme le [r], les digrammes comme le « OU » ou même les graphies complexes comme EAU, AIL. Tout est possible en fonction du niveau de votre enfant. Cette boîte est vraiment un chouette support que l'on peut proposer à tout moment dans l'apprentissage de la lecture.

Le petit +

Si vous sentez en cours de route que l'activité devient compliquée, que votre enfant a du mal à lire, que vous le sentez fatigué, vous pouvez lui proposer d'arrêter l'activité en lui disant par exemple : « Je crois qu'Hippo a bien trop mangé. On continuera demain, qu'en penses-tu ? » Ainsi, ce n'est pas votre enfant qui se sent en difficulté, en échec face à la lecture de mots, mais c'est Hippo qui a trop mangé. C'est un petit détail mais qui peut vraiment tout changer en fin d'activité.

Focus

Mon enfant confond des lettres, comment l'aider ?

Tout d'abord, il est important d'avoir à l'esprit que les confusions de sons sont normales en début d'apprentissage de la lecture. Les lettres b/d/p/q sont très souvent confondues par les enfants sans que cela ne soit le signe d'un trouble spécifique des apprentissages, communément appelé dyslexie.

Quand il y a une confusion de son, il vous est souvent difficile de savoir comment agir, alors voici quelques conseils à appliquer. En premier lieu, vous allez pouvoir aider votre enfant à ne plus confondre ou *a minima* à moins confondre certains sons grâce à différents outils.

Cela peut être :

- les gestes Borel-Maisonny : à chaque lettre correspond un geste particulier, ce qui permet à votre enfant d'avoir un repère gestuel ;
- la méthode des alphas : les lettres sont représentées par des bonhommes rigolos (le B est une botte, le R un robinet…) ;
- l'articulation du son, c'est-à-dire le placement de la langue, des lèvres. En effet, par exemple, pour prononcer la lettre B, nos lèvres vont se toucher, ce qui n'est pas le cas pour la lettre D.

Naturellement, vous avez tendance à agir sur les deux sons de façon simultanée en proposant des choix à l'enfant. Or on sait maintenant que ce n'est pas la solution la plus efficace en cas de confusion. Voici un exemple pour vous permettre d'y voir plus clair, si je vous demande de choisir entre deux orthographes différentes : écrit-on inonder ou innonder ? Trouvez-vous la réponse tout de suite ou cela sème le doute en vous ? C'est exactement la même chose si l'on demande à un enfant : écrit-on bol ou pol ? Mieux vaut dans ce cas précis lui proposer un mot à trou « …ol ».

Il est vraiment conseillé de ne pas agir en même temps sur les deux sons confondus. C'est pourquoi il est préférable de ne choisir qu'une seule lettre et de mettre le focus dessus pendant plusieurs semaines. Vous pouvez créer, par exemple, un poster avec la lettre choisie par votre enfant. Prenez le temps d'écrire la lettre dans les différentes polices d'écriture, des mots qui commencent par la lettre, voire en fonction des possibilités de lecture de votre enfant, des phrases qui contiennent des mots commençant par le son choisi. Mettez-le ensuite dans un lieu de passage pour que votre enfant le voie au quotidien et que petit à petit, la confusion cesse. Vous pouvez également lui proposer de créer de petits jeux pour exercer la lecture de mots contenant la lettre choisie (mistigri, jeu de paires, jeu de l'oie…). Tout est possible.

Et si la confusion dure dans le temps, il ne faut pas hésiter à vous tourner vers les professionnels de santé et notamment les orthophonistes. Ne restez jamais seuls en cas de difficulté de votre enfant, c'est essentiel pour vous et pour lui.

49

J'AIME OU JE N'AIME PAS

À QUEL ÂGE ?
De 4 à 6 ans

POUR QUI ?
Pour les enfants qui lisent des mots

POUR QUELS OBJECTIFS ?
S'entraîner à lire des mots

Encore une activité nécessitant uniquement du papier et un stylo. Cela vous montre à quel point tout peut être ludique en fonction de votre approche. Avant de commencer cette activité, vous allez choisir une liste de mots, pourquoi pas des aliments ou encore des activités. Puis vous allez les écrire en colonne sur une feuille. Nul besoin que la liste soit trop longue : dix mots est un bon choix pour cette activité. Si votre enfant lit bien, il est tout à fait possible d'en augmenter le nombre. Gardez toujours en tête que rien n'est figé, tout est adaptable à votre enfant.

Une fois la liste de mots prête, vous allez disposer la feuille devant votre enfant. Il va ensuite lire chacun des mots et mettre un cœur s'il aime ce qui est écrit et une croix s'il n'aime pas. **Cette activité toute simple met l'émotionnel au cœur de la**

lecture. Votre enfant va se sentir pleinement impliqué dans sa lecture. Il va ainsi avoir envie de continuer l'activité pour savoir quels autres mots sont écrits. Et rien n'empêche, s'il s'en sent capable, de lui proposer de faire lui-même une liste avec les choses qu'il aime ou qu'il n'aime pas. On peut même imaginer quand l'écriture sera plus fluide que votre enfant vous propose à son tour une liste de mots à classer.

Variante

Sur le même principe, vous pouvez proposer à votre enfant des mots à lire et à catégoriser, par exemple fruit/légume, animaux à deux pattes/quatre pattes, arbre/fleur, ou encore animaux imaginaires/animaux réels. Tout est possible !

Le petit +

Avoir l'activité, c'est déjà bien, mais trouver les mots peut rester une tâche compliquée. Alors voici quelques mots adaptés aux lecteurs débutants sur la thématique des aliments : haricot, banane, ananas, épinard, pomme, salade, maïs, radis. Et quelques autres sur les activités : lire, vélo, carte, balle, dormir, balade, se laver, rire… Plus vous allez vous habituer à chercher des mots faciles à lire pour votre enfant et plus la préparation de l'activité va aller vite.

50

DEVINE TÊTE

À QUEL ÂGE ?
De 4 à 6 ans

POUR QUI ?
Pour les enfants qui lisent des mots

POUR QUELS OBJECTIFS ?
S'entraîner à lire des mots

Pour cette activité, il vous faut du papier, un stylo et du scotch. Le papier va servir à écrire le mot que votre enfant va devoir deviner et le scotch à le faire tenir sur son front. Vous allez choisir un mot, l'écrire et le disposer sur le front de votre enfant.

L'objectif va être pour lui de découvrir le mot que vous avez écrit. Il va pouvoir vous poser des questions pour parvenir à le trouver. « Est-ce un objet ? un animal ? un véhicule ? », mais aussi des questions sur les lettres présentes : « Le mot commence-t-il par la lettre V ? »... Tout est possible. Une fois le mot trouvé, il est possible que ce soit à votre tour de deviner un mot. Il suffit simplement à votre enfant d'écrire un mot, de vous le scotcher sur le front et de répondre à vos questions pour tenter de le trouver.

Pour les plus grands, cela peut également se faire sous forme de devinette : « C'est un mot qui commence par [sss]. » Puis donnez une lettre de plus à chaque fois.

Variante

Sur le principe du pendu, il est possible d'envisager que votre enfant propose des lettres pour découvrir le mot choisi. Pas à pas, il va pouvoir écrire les lettres trouvées pour arriver à le trouver.

Le petit +

Deviner un mot, ce n'est pas se concentrer sur la tâche de lecture. C'est se poser des questions, parvenir à visualiser un mot dans sa tête pour poser les bonnes questions à l'autre. Tout ce processus est tout aussi important que la tâche de lecture en elle-même. Diversifier les activités proposées à votre enfant permet de maintenir son intérêt dans les apprentissages et donc de faire en sorte que le plaisir de faire ensemble reste prédominant.

ET APRÈS

Votre enfant commence à lire des mots depuis quelques semaines, quelques mois et vous ne savez pas comment continuer de l'accompagner sur ce chemin. Tout ce qui va suivre va être précieux pour vous permettre d'avancer ensemble.

Une fois le mécanisme de lecture compris, votre enfant va avoir besoin encore et encore de s'entraîner pour rendre sa lecture plus fluide. Ainsi, il va aussi progressivement être en mesure de lire des phrases puis des textes de plus en plus longs. C'est un long chemin et il ne faut pas hésiter à continuer de lui proposer des activités autour de la lecture de mots même s'il lit déjà des phrases. Cela va renforcer les compétences déjà acquises.

L'apprentissage de la lecture, c'est un long chemin parsemé d'expériences qui vont venir enrichir progressivement le stock de mots connus et reconnus par l'enfant. Auparavant, la lecture était envisagée à deux voies : l'assemblage qui correspond à la voie phonologique, c'est-à-dire la capacité de l'enfant à assembler les lettres ensemble pour former un mot. Et la voie d'adressage qui correspond davantage à la reconnaissance globale des mots. C'est elle qui permet à votre enfant de lire notamment les mots irréguliers comme femme, seconde ou encore ville. Ces mots ne peuvent pas être simplement décodés par votre enfant car il ne respecte pas la « règle » : une lettre = un son.

Les dernières études montrent que ces deux voies ne sont finalement pas distinctes comme on pouvait le penser. Elles fonctionnent ensemble et forment ce qu'on appelle le modèle d'autoapprentissage. Chaque expérience de lecture va venir renforcer les compétences de l'enfant. C'est pourquoi il est essentiel que votre enfant s'entraîne à lire au quotidien. Plus il y a d'expériences, plus les connexions neuronales se créent et plus cela va faciliter la lecture de votre enfant. Mieux vaut cinq à dix minutes chaque jour qu'une seule fois trente minutes dans la semaine. C'est la multiplicité des situations de lecture qui va lui permettre de gagner en fluidité et en aisance.

LIRE VITE OU COMPRENDRE CE QUI EST LU ?

Si votre enfant est scolarisé, vous allez sans nul doute entendre parler de fluence en lecture. Mais à quoi correspond ce terme ? La fluence, c'est la capacité à lire un texte avec précision, vitesse et expression. En d'autres termes, elle peut être définie comme la faculté à lire un texte de façon fluide, au rythme de la conversation et en utilisant un ton adapté.

Néanmoins, à l'école, elle est associée à la vitesse de lecture. Tout simplement parce que le chronométrage est la façon la plus simple pour évaluer la fluence.

Pour mieux vous rendre compte de ce qui peut être attendu, voici un tableau présentant les normes en fonction de la classe de l'enfant.

Nombre de mots lus en une minute en fonction de la classe de votre enfant :

- CP : 50 mots
- CE1 : 70 mots
- CE2 : 90 mots
- CM1 : 110 mots
- CM2 : 120 mots

Comme tout chiffre, ils sont à prendre avec des pincettes mais ils offrent un repère stable si vous en ressentez le besoin. La fluence est donc très souvent associée à la lecture chronométrée. Il est parfois proposé à votre enfant de lire des listes de mots le plus vite possible sans autre attente. Et c'est là pour moi la limite actuelle de ce qui peut être proposé à votre enfant.

Lire le plus vite possible à tout prix sans même comprendre ce qui est lu ne présente aucun intérêt. Et concrètement, le chronomètre peut même apporter une bonne dose de stress aux enfants, c'est donc vraiment à limiter. Certains enseignants proposent uniquement la lecture chronométrée pour avoir un point de repère sur le niveau de lecture de chacun de leurs élèves. La fluence chronométrée peut donc être un outil d'analyse intéressant pour mesurer les progrès d'un enfant. Mais elle ne doit en aucun cas être une activité quotidienne. Sinon la lecture risque de devenir une activité de performance avec pour seul objectif d'aller le plus vite possible.

Or la lecture est associée à la compréhension de ce qui est lu. Si on ne comprend pas ce qu'on lit alors lire n'a pas de sens. Il vaut mieux mille fois un enfant qui lit lentement mais qui comprend tout ce qu'il lit, qu'un enfant qui lit vite et n'y comprend rien. Parce que le but premier de la lecture est bel et bien de comprendre le message. Nul besoin donc d'être en recherche de vitesse en lecture pour votre enfant.

Néanmoins, il est important que petit à petit votre enfant fluidifie sa lecture et lise plus vite pour être plus à l'aise. Alors, concrètement, comment le faire sans utiliser de chronomètre ?

Pour aider votre enfant à améliorer sa vitesse de lecture, il est essentiel d'avoir à l'esprit qu'il faut consolider les bases. Pour améliorer la fluence, il va falloir l'exercer à un niveau inférieur du stade de lecture de votre enfant. En d'autres mots, s'il lit des phrases, proposez-lui des activités autour du mot et s'il lit des mots alors des activités autour de la lecture de syllabes. C'est un détail qui change tout : la rapidité de lecture ne s'exerce pas au niveau le plus haut de votre enfant. Car s'il lit des phrases, par exemple, ce moment lui demande encore un effort trop important pour être concentré à la fois sur le sens et la vitesse.

Vous pouvez très facilement proposer des activités ludiques à votre enfant pour exercer sa vitesse. Les jeux de type « cherche et trouve » (cf. activité 39) sont un excellent outil, tout comme les phrases à rallonge en plusieurs étapes.

En voici un exemple :

- → *Je mange*
- → *Je mange du gâteau*
- → *Je mange du gâteau au chocolat*
- → *Je mange du gâteau au chocolat chaque matin*

La phrase s'allonge à chaque étape. Votre enfant connaît le début de la phrase, ce qui le met en confiance pour lire la suite.

Il est possible également de lui proposer de la lecture de listes de mots par « analogie », c'est-à-dire par ressemblance comme cuire, cuisine, cuisinière, cuisinier... Toutes ces activités mettent le sens des mots au cœur du processus et c'est vraiment l'essentiel à avoir en tête.

TROIS ACTIVITÉS BONUS À PROPOSER À VOTRE ENFANT LECTEUR

Et comme c'est ce que j'aime le plus, voici trois activités ludiques à proposer à votre enfant s'il lit et écrit des phrases. Parce qu'à chaque stade de lecture s'offre à vous une multitude d'activités pour continuer de fluidifier et d'enrichir la lecture de votre enfant.

1. **Les petites actions :** une feuille, des actions à réaliser écrites dessus et le tour est joué pour une activité rigolote à partager. À tour de rôle, vous allez lire les phrases avec les actions indiquées et les réaliser. C'est ainsi que vous vous retrouverez peut-être à imiter le mouton, à crier fort ou encore à lever votre bras. Fous rires garantis !

2. **La liste de courses :** le quotidien est souvent la plus formidable opportunité d'apprentissage. Et surtout elle le rend concret. C'est tout naturellement que cette activité plaît beaucoup aux enfants qui commencent à lire ou écrire. Quoi de mieux pour eux que de pouvoir écrire la liste de courses et la réaliser ensuite dans le magasin. Attention, certains enfants ne vont pas hésiter à ajouter quelques achats supplémentaires, il faut s'y préparer. Et s'il n'est pas encore à l'aise avec l'écriture, vous pouvez faire le choix de lui écrire la liste. Votre enfant va ainsi pouvoir vous aider à faire les courses et à remplir votre caddie.

3. **Le dessin dicté :** c'est une de mes activités favorites avec les enfants. Grâce à des consignes écrites, votre enfant va devoir tracer le dessin que vous avez vous-même réalisé. Pour débuter, je conseille de faire des têtes de bonshommes avec des détails rigolos. Tout est possible. Le tout est d'être le plus précis possible pour permettre à votre enfant de l'être dans son dessin. « Trace un gros rond jaune au milieu de ta feuille », « son œil droit est une croix rose » ou encore « pour faire sa bouche, trace un long trait droit multicolore » sont des exemples de phrases. Comme toujours, il est important que l'activité soit adaptée au niveau de lecture de votre enfant. Évitez de lui proposer une dizaine de phrases si vous savez que c'est trop long pour lui. Et s'il veut le faire à son tour, il est tout à fait possible de le faire simplement à l'oral. C'est un excellent exercice de maîtrise du langage. À savoir qu'il existe également des supports prêts à l'emploi sur ce principe disponibles sur Internet.

COMMENT CHOISIR LES PREMIERS LIVRES DE VOTRE ENFANT ?

Une fois que votre enfant commence à lire, vous êtes souvent perdu dans les livres « premières lectures » car il existe de nombreuses collections. Et surtout, parfois, en proposant le livre à votre enfant, vous vous rendez compte que la marche est un peu trop grande pour lui et que la lecture du livre le met en difficulté.

Il me paraît important de vous transmettre les clés pour parvenir à choisir plus facilement les ouvrages de votre enfant.

Voici les éléments importants à prendre en considération lors du choix d'un livre :

- → Préférez une présentation plutôt sobre dans le livre : du texte écrit dans la police d'écriture que votre enfant connaît avec une illustration. Pas de petites fioritures partout qui peuvent minimiser l'attention de votre enfant.
- → Pour l'aider dans sa lecture, il est conseillé de choisir des livres avec les lettres muettes indiquées souvent en gris. Cela permet à votre enfant de ne pas être en difficulté devant la lecture du mot riz ou encore houx par exemple.
- → Moins il y a de mots outils, mieux c'est pour démarrer. Les mots outils, ce sont tous ces mots qu'il faut apprendre par cœur car ils ne se lisent pas comme ils s'écrivent : « un, des, les, ses… » Ces mots vont venir entraver la lecture de votre enfant quand il va lire des phrases.
- → Privilégiez des livres avec des phrases plutôt courtes sur chaque page pour l'encourager à poursuivre la lecture. Il est plus simple pour votre enfant de lire plusieurs petites phrases page après page qu'un petit texte.

Tous ces conseils sont adaptés aux tout premiers débuts de la lecture de livres par votre enfant. Et bien sûr, ils ne sont pas à prendre au pied de la lettre. Ils sont là pour vous accompagner et vous aider à mieux choisir les livres en fonction de votre enfant. Mais concrètement, s'il se jette sur un livre que vous n'auriez pas choisi, vous pouvez aussi lui proposer de le prendre. Il ne faut pas oublier que c'est l'enfant le moteur de son apprentissage de la lecture. Et si vous pensez que la lecture d'un livre qu'il choisit peut le mettre en difficulté, dites-lui simplement. En lui verbalisant que le livre est trop long, qu'il va y avoir des mots peut-être difficiles à lire, cela va lui éviter d'être surpris quand il va tenter de lire le livre. Et surtout, soyez à ses côtés pour l'aider et le débloquer si besoin quand il va le lire. Votre soutien et votre présence sont un vrai *boost* de confiance pour votre enfant.

Mes livres chouchous pour les lecteurs débutants

Je lis mes premiers mots de Laura Marie : un album ludique pour permettre à votre enfant de lire une multitude de mots.

Ma collection progressive « À moi la lecture » : à travers ces livres, votre enfant va lire facilement ses premiers mots avec le livre n° 1 et se diriger pas à pas, en douceur, vers la lecture de phrases.

Les fabuleux livres de chez Clap! Éditions qui reprennent le principe des phrases à rallonge.

Dans les collections plus « connues » :

- → les histoires de Céline Alvarez ;
- → la collection progressive de Sami et Julie par niveau scolaire.

DOIT-ON ENCOURAGER TOUTES LES LECTURES OU ÊTRE SÉLECTIF ?

Pour répondre à cette question, il est essentiel d'avoir à l'esprit que l'objectif premier de la lecture de livres à la maison doit être que votre enfant prenne du plaisir.

En effet, un enfant qui lit des supports qui lui plaisent est un enfant qui a envie de lire. Et un enfant qui a envie de lire, c'est un enfant pour lequel lire n'est pas une contrainte. Ainsi, le cercle vertueux de la lecture est enclenché.

Au contraire, si les livres lui sont imposés, s'ils ne lui plaisent pas, il ne va pas avoir envie de les lire. Il va se sentir contraint et cela déclenchera un cercle négatif autour de la lecture. Combien d'enfants n'aiment pas lire car on ne les laisse jamais choisir ? Ou encore combien d'adultes pensent que lire des BD et des mangas, ce n'est pas vraiment lire ? Il n'est pas facile de déconstruire ce qu'on a entendu durant des années.

Mais vraiment, la seule chose à garder en tête quand vous vous demandez quels livres doit lire votre enfant est : ce livre lui plaît-il ?

Mieux vaut un enfant qui lit vingt BD par semaine dans le plaisir qu'un seul roman dans la contrainte. Le bénéfice n'est absolument pas le même. Parfois même, la lecture de livres d'un style qui peut vous déplaire par sa forme (BD, manga...) va aider votre enfant à prendre confiance en lui et en ses capacités de lecture. Parce qu'effectivement la lecture d'une BD n'implique pas les mêmes compétences que la lecture d'un roman. Mais une BD est plus accessible car les phrases sont en général plus courtes, ce qui va encourager les enfants, même les plus en difficulté, à tout lire. Le texte est soutenu par les images, ce qui permet également de soulager l'effort engendré par la lecture.

Nul besoin de se cantonner à un style de lecture pour faire de votre enfant un lecteur aguerri. Plus il va lire dans le plaisir et mieux ce sera pour lui. Peu importe que ce soit une BD, un manga, une pièce de théâtre, une recette de cuisine ou encore une notice d'outils à monter.

ET SI MON ENFANT RENCONTRE DES DIFFICULTÉS, QUE PUIS-JE FAIRE ?

Tout d'abord, il est nécessaire de différencier les difficultés transitoires des difficultés qui s'installent et durent dans le temps. De nombreux enfants peuvent confondre des lettres un temps, écrire en miroir sans que cela ne soit le signe d'un éventuel trouble des apprentissages. Nul besoin de vous inquiéter pour votre enfant. Restez confiant et offrez-lui les ressources pour avancer.

Si vous sentez votre enfant en difficulté, en souffrance, s'il vous le dit, peu importe ce que vous pouvez penser, n'hésitez pas à consulter. Un enfant qui verbalise ses difficultés est un enfant qu'il faut à tout prix accompagner afin de préserver sa confiance en lui et son envie d'apprendre.

À la maison, vous avez un rôle à jouer pour faciliter les apprentissages de votre enfant. Vous n'êtes pas obligé d'aller forcément au rythme scolaire avec lui. Alors bien sûr, il ne s'agit pas de mettre de côté tout ce qui est fait ou encore de ne pas faire les devoirs donnés. Mais en tant que parents, il ne faut pas hésiter à solliciter un rendez-vous avec l'enseignant de votre enfant. Cela va vous permettre de faire le point sur la situation et de pouvoir adapter les devoirs aux besoins spécifiques de votre enfant s'il rencontre des difficultés importantes. Par exemple, il est envisageable d'adapter les lectures en fonction des possibilités de votre enfant. Il n'y a aucun intérêt à lui faire lire un texte si lire une phrase est déjà difficile pour lui.

Vous pouvez choisir de reprendre les bases avec lui. S'il a du mal à lire des phrases, vous pouvez en parallèle lui proposer plutôt de la lecture de mots afin de gagner en fluidité. Plus votre enfant va se sentir à l'aise dans la lecture de mots et plus il va parvenir à lire naturellement des phrases. Pas à pas, ensemble, vous allez y arriver. L'idée, c'est de faire qu'à la maison la lecture soit liée au plaisir et non à la contrainte malgré les difficultés que peut rencontrer votre enfant. C'est vraiment important de l'avoir à l'esprit.

Il est nécessaire de limiter la pression au maximum pour ne pas le braquer et le décourager. Un enfant peut vite se sentir nul, se comparer à ses autres copains qui lisent mieux, plus vite. Alors soyez son pilier, son rocher, encouragez-le dans le moindre de ses efforts. C'est essentiel pour qu'il puisse faire face à ses difficultés sans se décourager. Et n'hésitez pas à soulager dès que possible l'effort engendré par la lecture. Si vous lisez un livre, vous pouvez par exemple lire une phrase sur deux. S'il fait des mathématiques, lisez à sa place la consigne ou le problème. Nul besoin de lui ajouter à la maison la lecture en supplément. Dites-vous que pour un enfant en difficulté, l'école est déjà une épreuve à part entière.

Et si les difficultés persistent voire s'installent, il est conseillé de consulter un ophtalmologue pour vérifier la vision mais également un orthoptiste afin d'évaluer s'il existe un trouble de la vision. Ce sont deux éléments essentiels pour lire et il arrive parfois que certains enfants ne traitent pas correctement l'information visuelle. Une prise en charge peut les aider.

Et bien sûr, vous pouvez consulter un orthophoniste afin de faire le point sur la situation, d'envisager une prise en charge et de vous apporter des solutions concrètes pour aider votre enfant.

CONCLUSION

Notre voyage au cœur de l'apprentissage de la lecture se termine maintenant. Vous voilà paré pour aborder sereinement ce moment charnière dans la vie de votre enfant. S'il n'y avait qu'une seule chose à retenir de ce livre, ce serait de mettre le plaisir et le jeu au cœur de cet apprentissage. Tout est possible avec le jeu, il n'y a aucune limite. C'est ainsi que vous allez faciliter le chemin de la lecture pour votre enfant et surtout que vous allez vous créer des souvenirs ensemble.

Quand je demande à mon fils comment il a appris à lire, il me répond « bah je ne sais pas trop maman, on a fait des jeux et voilà ». Cette phrase me rappelle chaque jour à quel point il a fait évoluer ma pratique, ma vision de l'apprentissage de la lecture de façon totalement inattendue. Il est venu chambouler toutes mes croyances pour me permettre de comprendre la puissance du jeu, du plaisir et du respect des intérêts de son enfant. Et c'est tout ce que j'ai eu envie de vous transmettre à l'intérieur de ce livre. J'espère que ce sera un pari réussi.

Si l'apprentissage de la lecture était un voyage, nul doute qu'il serait l'un des plus longs et des plus beaux. Alors je vous souhaite sincèrement qu'il soit le plus doux possible pour vous et votre enfant.

Kit de démarrage

Téléchargez mon kit de démarrage avec des supports prêts à l'emploi et personnalisables. Un moyen unique de vous lancer à la conquête de la lecture avec votre enfant en toute sérénité.

Rendez-vous dans la boutique : www.parentalite-eclairee.com.

Bénéficiez de -50 % avec le code LUDIQUE.

TABLE DES MATIÈRES

PARTIE 3 : VERS LA LECTURE DE SYLLABES..... 93

PARTIE 4 : LIRE ET ÉCRIRE DES MOTS............119

Achevé d'imprimer en août 2024
sur les presses de la Nouvelle Imprimerie Laballery
58500 Clamecy
Dépôt légal : août 2024
N° d'impression : 407302

Imprimé en France